ΓΕΩΡΓΙΟΣ Θ. ΜΟΔΗΣ

ΠΕΡΙ ΜΑΚΕΔΟΝΙΑΣ

ΧΕΙΡΟΓΡΑΦΑ ΤΗΣ ΠΕΡΙΟΔΟΥ 1926-1948
ΓΙΑ ΠΡΩΤΗ ΦΟΡΑ ΣΤΗΝ ΔΗΜΟΣΙΟΤΗΤΑ

Copyright © 2014, Αγλαΐα Μόδη και Θεόδωρος Μόδης

Απαγορεύεται η αναδημοσίευση ή αναπαραγωγή του συνόλου ή μέρους του παρόντος με οποιαδήποτε μέσο χωρίς γραπτή άδεια του εκδότη.

EAN   978-2970021650

ΕΚΔΟΣΕΙΣ GROWTH DYNAMICS
Via Selva 8, Massagno 6900, Lugano, Switzerland
Tel. 41-91-9212054   E-mail: tmodisa@gmail.com
www.growth-dynamics.com

ΠΕΡΙΕΧΟΜΕΝΑ

ΠΡΟΛΟΓΟΣ 5

ΒΙΟΓΡΑΦΙΚΟ 9

I – Ο ΜΑΚΕΔΟΝΙΚΟΣ ΑΓΩΝ

ΑΝΑΜΝΗΣΕΙΣ ΤΡΟΜΟΥ 13

ΑΝΑΜΝΗΣΕΙΣ ΑΠΟ ΤΟΝ ΜΑΚΕΔΟΝΙΚΟ ΑΓΩΝΑ 17

ΙΩΝ ΔΡΑΓΟΥΜΗΣ 23

ΜΑΚΕΔΟΝΙΚΟΣ ΑΓΩΝ 37

Η ΕΛΛΗΝΙΚΗ ΠΑΙΔΕΙΑ ΚΙ' Ο ΕΛΛΗΝΙΣΜΟΣ ΤΗΣ ΝΟΤΙΟΥ ΣΕΡΒΙΑΣ 51

II – ΚΡΑΤΟΣ ΚΑΙ ΜΑΚΕΔΟΝΙΑ

ΚΡΑΤΟΣ ΚΑΙ ΜΑΚΕΔΟΝΙΑ 57

ΥΣΤΕΡΑ ΑΠΟ 19 ΧΡΟΝΙΑ 61

Η ΠΡΟΣΟΧΗ ΕΙΣ ΤΗΝ ΕΚΠΕΔΕΥΣΙΝ ΤΗΣ ΜΑΚΕΔΟΝΙΑΣ 65

ΤΑ ΕΚΠΑΙΔΕΥΤΙΚΑ ΜΑΣ ΧΑΛΙΑ 67

III – ΜΕΙΟΝΟΤΗΤΕΣ

ΣΛΑΒΙΚΕΣ ΠΡΟΣΠΑΘΕΙΕΣ   71

ΜΕΙΟΝΟΤΗΤΕΣ ΜΑΚΕΔΟΝΙΑΣ   83

ΠΩΣ ΚΑΙ ΔΙΑΤΙ ΠΡΕΠΕΙ ΝΑ ΛΥΘΗ ΤΟ ΖΗΤΗΜΑ
ΤΩΝ ΜΕΙΟΝΟΤΗΤΩΝ ΤΗΣ ΜΑΚΕΔΟΝΙΑΣ   111

ΠΡΟΛΟΓΟΣ

Μετά τον θάνατο της μητέρας μας, Θεοδοσίας Μόδη, το 2003 ξαναείδαν το φως της ημέρας παλιά οικογενειακά κειμήλια μεταξύ των οποίων και ένας στρατιωτικός σάκος γεμάτος χειρόγραφα, άλλα δακτυλογραφημένα και άλλα όχι. Ήταν του πατέρα μας, Γεωργίου Θ. Μόδη (δεν πρέπει να συγχέεται με τον εξάδελφό του Γεώργιο Χ. Μόδη). Τα παλιότερα χρονολογούσαν από το 1926 και τα πιο πρόσφατα από το 1948. Χρειάστηκε όμως να περάσει ακόμα μια δεκαετία πριν έρθει η ώρα να αναλάβουμε την επεξεργασία και δημοσίευσή τους.

Στο διάστημα 1926-1948 πολλά γενήκαν στην Ελλάδα από πλευράς ιστορικής, γεωπολιτικής, αλλά και γλωσσολογικής. Η καθαρεύουσα, επίσημη γλώσσα του κράτους στις αρχές αυτής της περιόδου υπέστη σταθερή πίεση από υποστηρικτές της καθομιλούμενης δημοτικής ώστε η δημοτική να κερδίζει συνέχεια οπαδούς. Τα χειρόγραφα του Γεωργίου Θ. Μόδη αντανακλούν αυτήν την εξέλιξη. Τα πρώτα είναι σε αυστηρή καθαρεύουσα ενώ τα πιο πρόσφατα σε μια δημοτική που μπορεί να μην είναι ακριβώς η ίδια με αυτή που μιλάμε σήμερα, μας είναι όμως πολύ οικεία.

Εκτός από την παραπάνω αλλαγή, κατά την ίδια χρονική περίοδο η Ελληνική γλώσσα άλλαξε επίσης σημαντικά όσον αφορά στην γραμματική, συντακτικό και ορθογραφία, για να μην συμπεριλάβουμε και πολιτισμικές αλλαγές όπως το τι θεωρείται πολιτικώς ορθό. Τα κείμενα που παραθέτουμε δεν έχουν διορθωθεί για τίποτα από όλα αυτά. Η επιμέλεια έκδοσης συνίσταται μόνο στη τυπογραφία των χειρογράφων και στην διαμόρφωση της παρουσίασής τους. Έχουν γίνει ελάχιστες διορθώσεις και αφορούν μόνο σε προφανή τυπογραφικά λάθη. Και αυτό όχι μόνο γιατί ο τρόπος γραψίματος αντικατοπτρίζει την εποχή και μας δίνει τις αντίστοιχες γεύσεις αλλά επίσης γιατί είναι η αυθεντικότητα που έχει το μεγαλύτερο ενδιαφέρον σ' αυτά τα παλαιά κείμενα. Ως αποτέλεσμα υπάρχουν ίσως και λάθη που ο ίδιος ο συγγραφέας ή κάποιος συντάκτης θα τα διόρθωνε αργότερα πριν την δημοσίευσή τους. Κρατήσαμε όμως ένα μονοτονικό σύστημα για να διευκολύνουμε την ανάγνωση και κατανόηση των κειμένων από τις νεώτερες γενεές που δεν έχουν διδαχθεί το πολυτονικό.

Ο Γεώργιο Θ. Μόδης ήταν άνθρωπος ενθουσιώδης, συναισθηματικός και ευέξαπτος. Στο γράψιμό του έκανε συχνή χρήση πλεονασμών και υπερβολών που ο αναγνώστης μπορεί να κριτικάρει. Είχε όμως ένα πλουσιότατο λεξιλόγιο σε σημείο που αναρωτιέται κανείς εάν δημιουργούσε λέξεις, π.χ. το «τουρανικός» που εμφανίζεται σε δύο γραπτά του και την μια φορά μάλιστα το «τ» είναι κεφαλαίο· είναι πολύ απίθανο να πρόκειται για το ίδιο τυπογραφικό λάθος.[1]

Η έλλειψη γραμματικών κι' άλλων διορθώσεων μας επιτρέπει να εκτιμήσουμε την δυσκολία του να γράψει την ρίζα Βουλγαρ- με κεφαλαίο «Β». Ίσως αυτό να δικαιολογείται από το γεγονός ότι ήταν οι Βούλγαροι κομιτατζήδες που δολοφόνησαν τον πατέρα του όταν ο ίδιος ήταν ακόμη σε τρυφερή ηλικία, δύο ετών. Και ότι ήταν οι ίδιοι που έκαψαν το σπίτι του λίγα χρόνια αργότερα τρέποντας την οικογένειά του σε φυγή προς την Φλώρινα. Τέλος υποδείξει Βουλγάρων συνελήφθη κατά την κατοχή μετά του εξαδέλφου του Γεωργίου Χ. Μόδη και φυλακίστηκε στο στρατόπεδο του Παύλου Μελά στην Θεσσαλονίκη.

Το βιβλίο αυτό αρχίζει με το πιο πρόσφατο χειρόγραφο και τελειώνει με το πιο παλαιό αλλά αυτό δεν σημαίνει ότι έχει ακολουθηθεί αντίστροφη χρονολογική σειρά. Κάθε μια από τις τρεις ενότητες αρχίζει με το πιο προσφατο χειρόγραφο αφήνοντας τα κείμενα, δυσδιάβαστα λόγω καθαρεύουσας, τελευταία.

Η πρώτη ενότης «Ο Μακεδονικός Αγών» περιέχει ιστορίες που μοιάζουν πολύ με τις *Μακεδονικές Ιστορίες* που κατά δεκάδες δημοσίευσε αργότερα ο εξάδελφός του Γεώργιο Χ. Μόδης σε μια σειρά βιβλίων με αυτόν τον τίλτο. Τρεις από αυτές έχουν δημοσιευθεί παλιότερα στο *Μακεδονικόν Ημερολόγιον* αλλά ανα-

---

[1] Μια σύντομη έρευνα αποκαλύπτει ότι αυτή η λέξη μπορεί να μην υπάρχει στο Ελληνικό λεξιλόγιο αναφέρεται όμως στο Turan της κεντρικής Ασίας.

Πρόλογος

δημοσιεύονται εδώ με άδεια από τον εκδότη χάριν πληρότητας μια και συμπληρώνουν ό,τι έχει γράψει ο Γεώργιος Θ. Μόδης περί Μακεδονίας.

Η δεύετρη ενότης «Κράτος και Μακεδονία» αποτελείται γενικά από άρθρα προοριζόμενα για δημοσίευση σε εφημερίδες αλλά είναι άγνωστο αν και πόσα από αυτά έχουν δημοσιευθεί.

Η Τρίτη ενότης «Μειονότητες» περιέχει τα παλιώτερα χειρόγραφα και το γράψιμο αντανακλά καθαρά την εποχή. Μερικές ημερομηνίες συγγραφής έχουν εκτιμηθεί.

Θεωρήσαμε σκόπιμο να δουν το φως της δημοσιότητας τα χειρόγραφα αυτά επειδή είναι παλιά, αυθεντικά, έχουν γραφτεί από λόγιο Μακεδόνα που έζησε την εποχή εκείνη και περιέχουν στοιχεία που δεν είναι γνωστά.

Μέσα σε εκείνον τον στρατιωτικό σάκο που βρήκαμε υπάρχουν και πολλά μυθιστορηματικά πεζογραφήματα του ιδίου μεταξύ των οποίων είκοσι δύο διηγήματα. Ενδεχομένως να αποτελέσουν αργότερα το αντικείμενο δημοσίευσης ενός άλλου βιβλίου.

Αγλαΐα Γ. Μόδη
Θεόδωρος Γ. Μόδης
Ιούλιος 2014

ΒΙΟΓΡΑΦΙΚΟ

Ο Γεώργιος Θεοδώρου Μόδης γεννήθηκε το 1902 στο Μοναστήρι. Όταν ήταν δύο ετών Βούλγαροι κομιτατζήδες δολοφόνησαν τον πατέρα του ο οποίος δρούσε στο Ελληνικό κομιτάτο. Κατόπιν τούτου η μητέρα του Παρασκευή Μόδη ανέλαβε δράση υπέρ των Ελλήνων ως αποτέλεσμα της οποίας λίγα χρόνια αργότερα ήταν η στόχευση και πυρπόληση του σπιτιού τους στο Μοναστήρι· η Παρασκευή Μόδη με τα δύο της παιδιά, Γεώργιο και Αγλαΐα κατέφυγαν στην Φλώρινα.

Ο Γεώργιος Θ. Μόδης τελείωσε το γυμνάσιο Φλωρίνης το 1921 και μετέβη στην Αθήνα όπου σπούδασε νομικά. Επέστρεψε στην Φλώρινα όπου άσκησε το επάγγελμα του δικηγόρου από το 1926. Η πρώτη μεγάλη του δίκη —με τα κέρδη από την οποία άρχισε να κτίζει το σπίτι στην οδό Μεγάλου Αλεξάνδρου που έχει χαρακτηριστεί διατηρητέο— ήταν η μαζική αγωγή για αποζημίωση των ιδιοκτητών κάρων όταν αυτοί έχαναν την δουλειά τους με την εμφάνιση του αυτοκινήτου.

Το 1931 παντρεύτηκε την Θεοδοσία Παναγιωτίδου, δασκάλα, που ήρθε μικρή και ορφανή στην Θεσσαλονίκη από την Κωνσταντινούπολη το 1923 με την ανταλλαγή πληθυσμού. Απέκτησε δύο παιδιά, τον Θεόδωρο και την Αγλαΐα.

Στην κατοχή και υποδείξει Βουλγάρων συνελήφθη το 1943 μαζί με τον εξάδελφό του Γεώργιο Χ. Μόδη και φυλακίστηκε στο στρατόπεδο του Παύλου Μελά στην Θεσσαλονίκη. Όταν αφέθηκε ελεύθερος μήνες αργότερα, εγκαταστάθηκε στην Θεσσαλονίκη όπου εργάστηκε ως δικηγόρος.

Δημοσίευσε πολλά άρθρα σε εφημερίδες Φλωρίνης και Θεσσαλονίκης, και στο *Μακεδονικόν Ημερολόγιον*. Τον Ιανουάριο του 1928 άρχισε να εκδίδει δική του εφημερίδα στην Φλώρινα με τίτλο «Το Μακεδονικό Βήμα». Έγραψε πολλά διηγήματα και τρεις νουβέλες αλλά μόνο μία εξεδόθη το 1926 με τίτλο *Στα Μπουντρούμια*.

Υπήρξε πρόσκοπος, ορειβάτης και τον Αύγουστο του 1928 ανέβηκε στις τρις κορυφές του Ολύμπου. Το 1933 ίδρυσε τον ορειβατικό όμιλο Φλωρίνης

Το 1932 και το 1936 έθεσε υποψηφιότητα με το Αγροτικό Κόμμα χωρίς όμως να εκλεγεί.

Πέθανε το 1949. Είναι θαμμένος στην Φλώρινα στο νεκροταφείο του Αγ. Γεωργίου.

I – ΜΑΚΕΔΟΝΙΚΟΣ ΑΓΩΝ

ΑΝΑΜΝΗΣΕΙΣ ΤΡΟΜΟΥ

Το σπιτάκι μας στο Μοναστήρι ήταν κάπου στο κέντρο. Ένα απλό σπιτάκι, χτισμένο στο βάθος μιας απέραντης αυλής με μια μακρόσυρτη είσοδο. Το μικρό εκείνο δρομάκι στο βάθος, άνοιγε σε μεγάλο φάρδος όπου ένας κήπος με την άριστη αρχιτεκτονική του και τις ολόδροσες τριανταφυλλιές σε περίμενε. Δέντρα καρποφόρα πάρα πολλά εκάλυπταν το μικρό μας πατρικό. Τώρα ακόμη έρχεται στη θύμισί μου ολοζώντανη η φιγούρα της κορομηλιάς που μας έδινε το κατάξυνο καρπό της. Πιο πέρα, στα αριστερά δυο βυσινιές στη σειρά. Μια μηλιά. Μια αχλαδιά με φθινοπωρινό της καρπό ήταν περίφημη στην γειτονιά. Τα στρογγυλά, φουσκωτά αχλάδια που στ' άχυρα του χειμώνα έπαιρναν ολόχρυσο χρώμα. Πόσες φορές δεν βρέθηκα, πετώντας σαν πουλί στα εύκολα κλαριά της, μικρός-μικρός, για να τα κλέψω άγουρα ακόμη και τα μοιράσω με λαίμαργους φίλους της γειτονιάς μου. Στο βάθος μια οργιαστική σε πράσινο μουριά άπλωνε τα πλούσια κλαριά με τα καταπράσινα φιστωνιασμένα φύλλα της στα κεραμμύδια του κόσμου. Γύρω-γύρω οι πλούσιες κυδωνιές με τα μεγαλόπρεπα κυδώνια. Κάπου κοντά κι' ανάμεσά τους ξεφούντωνε μια κυπαρισσένια καρυδιά. Και το αιγιόκλιμα ολοτρόγυρα στους τοίχους συμπλήρωνε τη σκοτεινή φρουρά του σπιτιού. Οι φτωχές λάμπες του καιρού εκείνου της Τουρκιάς μόλις φώτιζαν τα τζάμια, ώστε να δείχνει πως ανάμεσα σε κείνο το δάσος ένα μικρό σπιτάκι προστάτευε και φύλαγε ολίγες απορφανισμένες ψυχές.

Μόλις έπεφτε το σούρουπο ένα πυκνό σκοτάδι εσκέπαζε όλα. Ένα σκοτάδι που γεννούσε φόβο και τρόμο κάτω από τα πυκνά εκείνα φυλλώματα των δέντρων. Τότε στο Μοναστήρι, στον καιρό της Τουρκιάς με την αβέβαιη ζωή ο φόβος εκείνος έπαιρνε μια εικόνα ταραχής. Στο κάθε βήμα αργά τη νύχτα ένοιωθε κανείς πως τρέμει με τη σκιά του διώκτη του, του αφηνιασμένου συνανθρώπου του που υπηρετούσε μια βάρβαρη ιδέα. Ήταν οι χρόνοι που είχαν φουντώσει οι φριχτοί εκείνοι αγώνες ανάμεσα σε Έλληνες και βουλγάρους. Οι καθημερινοί σκοτωμοί και σφαγές από τη μεριά των κομιτατζήδων προλόγιζαν τον φρικαλέο εκείνο αγώνα που ακολούθησε. Έτσι, η παγερότητα κάθε βραδυάς, μέσα στο πυκνό εκείνο σκοτάδι του πατρικού μας γενόταν μια εφιαλτική κατάστασι. Όλοι οι Έλληνες του Μοναστηρίου είχανε σφίξει τη ψυχή τους. Μα ως τόσο κρατούσαν πάντα έτοιμοι τη φλόγα της αντίστασης με τη ψυχή στο στόμα, μα και με την ανάλογη πάντα απάντησι ενάντια στο σλάβο επιδρομέα, ένα αμάθητο και πρωτόγονο κόσμο, που ξεκινούσε από τα τάρταρα γι' αρπαγή και δήωση κάθε ελληνισμού. Ήμουν μικρός τότε. Μόλις πέντε χρονώ. Μα η επίδραση του λόγου και της σκέψης των άλλων μου πρόσθεταν πολλά ακόμη χρόνια για να φαντάζουμαι... να σκέπτουμαι... να υπολογίζω. Η Ελληνική ψυχή ζούσε τότε μέσα μας επαναστατημένα κι' αναστατωμένα. Τα μικρά μας στήθη τα φλόγιζε ένα μίσος και μια εκδίκηση.

«Τί ζητούν οι βούλγαροι μεσ' την Μακεδονία!»

Δε θυμάμαι κι' όλας αν κατορθώναμε να προφέρουμε όλους τους στίχους κι' όλες τις λέξεις καθαρά. Ακόμη αν το φανατισμένο εκείνο τραγούδι το παραμορφώναμε στο σκοπό του. Η ψυχή μας ως τόσο φλογιζόταν από ένα πόθο, ένα πόθο Ελληνικό. Το κορμάκι μας έτρεμε σύγκορμο από μίσος σε κάθε βάρβαρη κομιτατζιδική εκδήλωσι. Στη γειτονιά κάποτε. Αλλά τι λέγω κάποτε... Θα πρέπει να πω συχνά, ίσως κάθε μέρα, εβλέπαμε να πέφτει ένας δικός μας άνθρωπος από βουλγαρικό βόλι. Μια μέρα στο ελληνικό νοσοκομείο, κοντά στη γειτονιά μας, έφεραν απ' το χωριό, δυο σακκιά γιομάτα. Στα σακκιά εκείνα, άγριοι βούλγαροι, είχανε στιβάξει χέρια και πόδια, κεφάλια και κορμιά ελληνικά, από φτωχούς δασκάλους και παπάδες αγίους, που ζητούσαν να κρατήσουν ψηλά τα τιμημένα Ελληνικά λάβαρα, της Ελληνικής Ιδέας στα μακρυνά χωριά του Μοναστηρίου. Θυμάμαι τότε... Ένα τρομερό παράπονο που με πήρε. Γιατί την ώρα εκείνη να μην έχω τα ανάλογα χρόνια; Το ίδιο βράδυ παρακολούθησα παλληκάρια της γειτονιάς να δρασκελίζουν τους τοίχους και από πορτοπούλα σε πόρτα και τοίχο σε τοίχο να περνούν αμίλητα και να ετοιμάζουν την εκδίκησι. Σκιές και ψίθυροι, προφυλαγμένοι στο σκοτάδι εκείνο της αυλής του πατρικού μας μαρτυρούσαν το ξεδίπλωμα ενός ιερού αγώνα. Μια ταπείνωση απροσδιόριστη για τα πέντε μου χρόνια ένοιωθα. Αφού δεν μπορούσα κι' εγώ να είμαι ανάμεσά τους! Γιατί οι βουβές χειρονομίες, η ταραχή τους κι' η αγωνία εκείνη μιλούσε πολλά, πάρα πολλά. Για κάποια κοσμογονία. Για κάποιο ξύπνημα της φυλής. Ως τόσο οι λαχτάρες εκείνες ήταν η καλλίτερή μας τότε τροφή. Η Ελληνική ψυχή ποτισμένη στο αίμα εφούντωνε.

Και θυμάμαι...

Ένα βράδυ... Ήταν ακόμα πρόσφατη η δολοφονία του πατέρα μου απ' τους κομιτατζήδες στο Μοναστήρι, που άφηνε δυο ανήλικα παιδιά, τη γιαγιά και τη μάνα μας, ολόψυχα αφοσιωμένη στην εκδίκηση. «Φόβος τι θα πη!»

Αναμασούσα και εγώ το τραγούδι, που τις λίγες αυτές λέξεις είχα αρπάξει από τα παιδιά της γειτονιάς. Παγερό φθινοπωρινό βράδυ γιομάτο αγωνία και τρόμο. Μόλις είχαμε κοιμηθεί εμείς τα παιδιά των εφτά και πέντε χρονώ. Η γιαγιά με τα εβδομήντα της χρόνια και η μάνα μας αργούσαν πάντα τα βράδυα να κοιμηθούν. Το βράδυ όμως εκείνο ήταν πιο ανήσυχο από κάθε άλλο. Μόλις λίγες ώρες είχανε βάψει τους δρόμους του Μοναστηρίου με το αίμα τους πέντε Βούλγαροι από παιδιά της ελληνικής άμυνας, και φυσικά η εκδίκηση που θ' ακολουθούσε σαν συνέχεια και απάντησι της άλλης παράταξης έπρεπε να αναμένεται ανάλογα. Γιατί αυτή ήταν η ιστορία. Όταν έπεφταν πέντε Έλληνες οι Βούλγαροι έπρεπε να είναι διπλοί και αντίθετα.

Το βράδυ εκείνο στο ξεμοναχιασμένο μας πατρικό σπιτάκι βασίλευε μια παγερή ηρεμία που ανατάραζε όλο το κορμί. Αγωνία πνιγερή. Φόβος και σκοτάδι βαθύ. Η θαρραλέα μάνα μας ως τόσο αγρυπνούσε μαζί με την μητέρα της εκεί κοντά στην πόρτα, ενώ εμείς τα μικρά, βυθισμένα στον ύπνο του μικρού, κολυμπούσαμε στα παιδικά μας όνειρα αμέριμνα. Μα μια στιγμή την ησυχία του δωματίου σχίζει η φωνή της μάνας.

—Δεν είμαστε καλά!...

Αλαφιασμένη έτρεξε. Δοκίμασε τους σύρτες, τα βαρειά σίδερα που ήσαν τοποθετημένα ανάμεσα στον τοίχο και τις πόρτες, βαρειά στηρίγματα και ασφάλειας.

—Δε σας φοβάμαι σκυλλιά. Δε σας φοβάμαι, ξαναφώναξε με οργή και θάρρος πολύ.

Μια ανατριχίλα που ανέβαζε το αίμα στο κεφάλι. Είχαμε πια ξυπνήσει. Τα δόντια μας ένα μακάβριο χορό έκαμναν. Τρέμαμε...

Χωθήκαμε κάτω από το φαρδύ της φουστάνι με το χέρι στο στόμα να κρατήσουμε σιωπή. Απάνω στα κεραμίδια του διπλανού χαμόσπιτου ακούγαμε κι' όλας τα βήματα. Κάποιοι περπατούσαν. Ήταν ανθρώπινα βαρειά βήματα ρυθμικά και σιγανά, που έκαμναν μια φρικτή μακάβρια σκηνή τη σιωπηλή και παγερή εκείνη βραδυά.

—Τώρα βρε παλιόσκυλα. Τώρα θα διήτε, επανέλαβε η μάνα με μια στριγκή φωνή.

Κανείς δεν απήντησε. Ως τόσο ο ρυθμικός κι' ανατριχιαστικός εκείνος θόρυβος απάνω στα ελαφρά κεραμίδια εξακολούθησε.

—Κρακ, κρακ, ...

Σε λίγο δυνάμωσαν τα βήματα, ως που δυο βαρειά πηδήγματα υπόκωφα ακούστηκαν στη ησυχία της νύχτας. Η πόρτα τράνταξε. Τα δυο της φύλλα άρχισαν να ανοίγουν μια φαρδειά χαραμάδα. Ανθρώπινη φωνή ακόμα δεν ακούστηκε. Όμως τα σίδερα στην πόρτα χοροπήδηξαν απάνω στις θηλιές τους. Σε λίγα λεπτά ίσως οι πόρτες θα υποχωρούσαν. Εκείνοι αμίλητοι ακόμη είχανε μπήξει μανιακά τους λοστούς για το τελευταίο ξερρίζωμα.

—Σκυλλιά! Γουρούνια! Ας τολμήσει κανείς ξαναφώναξε τώρα πάλι. Τα δόντια έσπαζαν στο στόμα. Ετρέμαμε σύγκορμοι. Μα θυμάμαι πως δεν βάλαμε το κλάμα... Η φωνή της μάνας πρόδινε απόφαση και θάρρος. Τα λόγια της που ήταν μια τρομερή προσταγή μαρτυρούσαν θέληση και πείσμα μεγάλο. Στο μεταξύ είχε αρπάξει ένα μαυροβουνιότικο, παληά ανάμνηση του πατέρα, και έπαιξε νευρικά τη σκανδάλη για ν' ακούσουν κι' εκείνοι.

—Σκυλλιά που θα πάτε; Μόλις πατήσετε το κατώφλι θα χυθεί το αίμα σας. Θα είστε νεκροί. Γιώργο κράτα εσύ τον μπαλτά. Εγώ θα τους σκοτώσω με το περίστροφο. Ο Γιώργος ήταν ο πεντάχρονος, δήθεν άντρας του σπιτιού που θα την βοηθούσε με τον μπαλτά.

—Σκυλλιά!

Καμιά απάντηση. Τώρα όμως η πόρτα ξαναήλθε στη θέση της. Οι λοστοί αποτραβήχτηκαν. Η νύχτα κρατούσε ακόμη την ανατριχιαστική εκείνη σιωπή. Οι εχτροί είχανε βουβαθεί. Λίγη ώρα ακόμα πέρασε αφουγκράζοντας η μάνα μας τον ασθενικό θόρυβο του απερχόμενου εχτρού. Εμείς ακόμη ετρέμαμε. Το αίσθημα όμως της υπεροχής και της νίκης μας ησύχαζε δίνοντάς μας καινούργιες δυνάμεις για όμοιες περιπέτειες π' ακολούθησαν...

Θεσσαλονίκη Οκτώβρης 1948   Γ. ΘΕΟΔΩΡΟΥ ΜΟΔΗ

ΑΝΑΜΝΗΣΕΙΣ ΑΠΟ ΤΟΝ ΜΑΚΕΔΟΝΙΚΟ ΑΓΩΝΑ

Είμαστε στο 1903. Ο Μακεδονικός αγώνας ακόμη δεν είχε αρχίσει. Ίσα με τότε μονάχα ο Χριστιανισμός ήταν η αντίδρασι ενάντια στο τύρανο. Ο Οθωμανικός κολοσσός στη συνείδησι των Βαλκανικών λαών και περισσότερο του Μακεδονικού είχε αρχίσει να καταρρέη. Μα ως τόσο δ λυτρωτής ήταν μακρυά. Δεν εφαινόταν. Μερικοί καλόγεροι ξεπεταγμένοι απ' την Αγία Μεγάλη Ρωσσία με τις αγειορίτηκες και ξυλόγλυπτες εικόνες σκορπισμένοι ανά την Μακεδονική ύπαιθρο δειλά-δειλά και μυστικόπαθα αποκρυστάλλωναν μερικές συγκεχυμένες ιδέες πού είχε ο χωρικός της Μακεδονίας σχετικά με την απελευθέρωσι.

Η Μακεδονική ψυχή ετίναζε τις βαρειές της φτερούγες με τα τετρακόσια τους χρόνια κι' άρχιζε να πιστεύη σε κάποιες ελπίδες ενός μακρυνού ονείρου, που το 'ζησαν μερικούς αιώνες νωρίτερα. Ήθελε κάτι. Κάποιες βαθύτερες ανησυχίες ένοιωθε. Πίστευε στον αστερισμό της, σε κάτι. Μα ως τόσο ίσα με τότε τίποτα το θετικό, τίποτα το άμεσο. Ένας όμως νέος είκοσι τριών χρόνων από το Βόρνικ του Μοναστηρίου, των χωριών του Κάτω Εριγώνα, ο Τράϊκος δε περίμενε. Ξεκίνησε με τα δεκάξη του παλληκάρια και ένα Κυριακάτικο απόβραδο του Δεκέμβρη του 1903 έφτανε στη Γραέσνιτσα του Μορίχοβου. Κάλεσε όλους τούς προύχοντες και κοτσαμπάσιδες που σε λίγο συγκεντρώθηκαν στο σπίτι του γερω-Δημήτρη.

Το σπίτι του γερω-Δημήτρη ήταν τέσσεροι τοίχοι. Δωμάτια δε χώριζαν γιατί ένα ήταν όλο-όλο το δωμάτιο πού εκύκλωναν οι τέσσεροι εκείνοι τοίχοι. Όλα γύρω ήσαν καπνισμένα μαζί με τα κατάχοντρα δοκάρια πού κρατούσαν τη σκεπή. Στη μέση μια βαρειά αλυσσίδα κρατούσε πάνου απ' τη φωτιά μια πελώρια χύτρα. Σκοτεινιά ήταν εκεί κι' οι αδύνατες λάμπες του δαδιού μόλις εφώτιζαν τις άγριες φάτσες των παλληκαριών του Τράϊκου και απ' την άλλη μεριά τις ήρεμες κι' απαλές των κοτσαμπάσιδων του χωριού της Γραέσνιτσας. Όλοι σιωπηλοί περίμεναν και με κάποια περιέργεια έφερναν τις ματιές τους στους παράδοξα αρματωμένους εκείνους ανθρώπους του Τράϊκου. Ήταν όλοι αρματωμένοι με τα γκράτους και τα φυσελίκια τους δεξιά κι' αριστερά στο στήθος. Σαν έκλεισε ή πόρτα κι' έγινε πιο μεγάλη σιωπή ό Τράϊκος άρχισε.

—Αι! Καθώς βλέπετε ήρθαμε να σας δώσουμε την ελευθερία σας. Και μ' ένα ύφος μυστηριώδικο και υποβλητικό εξακολούθησε. Η Μεγάλη κι Αγία Ρουσσία —έκαμε το σταυρό του— είναι μαζί μας. κι αφού έχουμε στο πλευρό μας αυτή πρέπει να είμαστε έτοιμοι για κάθε θυσία. Πρέπει να κρατήσουμε μόνοι μας ψηλά το σταυρό της θρησκείας μας. Στον αγώνα μας από 'δω κι εμπρός πρέπει να στηριχθούμε Στις δικές μας δυνάμεις. Να οι Έλληνες είδατε στη τελευταία μας Επανάστασι πού την κάναμε εδώ και λίγους μήνες στη Μακεδονία μάς γέλασαν και μάς άφησαν μόνους.

Κάποιος θόρυβος παρατηρήθηκε αναμεταξύ στους χωρικούς της Γραέσνιτσας. Οι κοιτσαμπάσιδες εκύταξαν ό ένας τον άλλο περίεργα γιατί άρχισαν πια να καταλαβαίνουν το σκοπό του ερχομού του Τράϊκου.

—Και για να μη χάνουμε καιρό να τώρα θα υπογράψουμε όλλοι αυτό το χαρτί.

Και βροντόφωνα και αποφασιστικά.

—Είμαστε Βούλγαροι! Ακούτε! Μονάχα ή Βουλγαρία θα μας λυτρώση από το Τύραννο. Να αυτά τα παλληκάρια αυτή μας τα στέλνει. Άκόμα και χρήματα κι' ότι άλλο ζητήσουμε θα τώχουμε αμέσως.

Τότε δε ο γέρω-Γιόκος πούχανε παραφουσκώσει τα στήθεια του με την αχαλίνωτη εκείνη φλυαρία του Τράϊκου.

—Ρε Τράϊκο! Ποιά θρησκεία μάς κοπανάς τώρα τόση ώρα. Για ποιούς ν' αγωνιστούμε; Σκέφτηκες πρώτα πού ήλθες εδώ στη Γραέσνιτσα; Πού μας ξεφύιρωσες Βούλγαρος; Ποιός ήταν ο δάσκαλός σου, του πατέρα σου, του παππού σου; Ποιός ήταν ο παπάς του σπιτιού σας ρε Τράϊκο; Να φύγης αμέσως από δω γιατί εμείς είμαστε Έλληνες και Έλληνες θα αποθάνουμε. Κα μήπως και συ δεν είσαι τ ό ίδιο;

—Παύσε σκυλλί!
—Σκότωσέ μας φώναξαν όλοι, και ξέρε πως δε γυρνάμε εμείς οι Μοριχοβίτες. Προδότη πού σε γέλασαν.
—Παύστε όλοι σας γιατί σας σφάζω.
'Ως τόσο άφοβα οι γέροντες κι' αντρίκεια περίμεναν.
—Δέστε τους!
Όρμησαν τα παλληκάρια του Τράϊκου κι' έδεσαν πισθάγκωνα όλους τούς προύχοντες της Γραέσνιτσας.
—Ακούτε! Από δω και πέρα είμαστε Βούλγαροι κι' όλοι μας θα δουλέψουμε για τη θρησκεία μας, μα και για τη Βουλγαρία. Είμαστε όλοι μας το ίδιο και πρέπει να υπογράψουμε αυτό το χαρτί και να δώσουμε από δέκα λίρες για τον αγώνα, ό καθένας.
—Τράϊκο ούτε χρήματα δίνουμε ούτε χαρτί υπογράφουμε. Τράβα και σφάξε μας κι' ότι άλλο θέλεις κάνε μας. Σκέψου πώς και σένα καλό δε θα σ' εύρη. Ο πατέρας σου, ακούς ο πατέρας πρώτος θα σε σφάξη.
—Ο Πατέρας σου ...
Μια, μια συλλαβή επανάλαβε ο γέρω-Δημήτρης με τη τρεμουλιαστή του φωνή. Κάποια στιγμή φάνηκε πώς κλονίστηκε ο Τράϊκος αμέσως όμως ένα από τα παλληκάρια του τον σκούντηξε.
—'Εμπρός. 'Εμπρός παιδιά εφώναξε ξαφνικά.
—Τελευταία φορά σάς λέγω υπογράψτε.
—Όχι. Όχι. Χίλιες φορές όχι, απάντησαν σταθερά και οργίλα οι κοτσαμπάσιδες του χωριού.
—Και τώρα έτοιμοι για το θάνατο.
—Είμαστε Έλληνες!
Θόρυβος μεγάλος ακούστηκε. Χτυπούσε βιαστικά τη πόρτα κάποιος που ίσα με μέσα ακούστηκε το λαχάνισμά του.
—Αρχηγέ. Αρχηγέ. Μας κύκλωσαν.
—Τούρκοι;
—Όχι. Ολόκληρο ιό χωριό.
—Και τί ζητάν από μας;
—Να φύγουμε αμέσως γιατί θα μάς κάψουνε σε πέντε λεπτά.
Βγήκε ο Τράϊκος έξω και αντίκρυσε τους χωρικούς πού του είχανε προτείνει τα όπλα.
—Ή φεύγεις Τράϊκο αμέσως ή σε καίμε μαζί με τους δικούς μας.
—Μα μεις για τη θρησκεία βρε παιδιά αγωνιζόμαστε.

—Άφησέ τα αυτά Τράϊκο. Τα μάθαμε. Τάπες πολλές φορές στους γέρους εκεί. Αν αγαπάς τη ζωή σου εμπρός δίνε του.

Σώπασε ο Τράϊκος και κατεβάζοντας το κεφάλι πήρε τα παλληκάρια του πού ταπεινά και ντροπιασμένα ένας-ένας ξεπόρτιζαν.

Έτσι άρχιζε ο αγώνας ανάμεσα σε Βούλγαρους Κάι Έλληνες όταν ο απλός Μακεδόνας χωρικός ξεκινούσε για το λυτρωμό του ύστερα από τετρακόσια χρόνια ...

*
* *

Ύστερα από μια επικίνδυνη περιπέτεια με το απόσπασμα ο καπετάν Κουρής με τα δυό του παλληκάρια βρέθηκε μέσα στο σπίτι του Θανάση Δήμου στο Μεγάρεβο του Μοναστηρίου. Ήταν η εποχή που ο Μακεδονικός αγώνας ήταν στη τρομερή του φάσι, στα 1907. Γενναίο παλληκάρι ο καπετάν Κουρής είχε χάσει σε κάποια συμπλοκή το ένα του μάτι. Στη Μακεδονία πριν λίγους μήνες μαζί με άλλα παιδιά από τη Κρήτη είχε έλθει να γίνει αντάρτης για τη Μεγάλη Ιδέα.

Στο Μεγάρεβο όταν έφτασε δε δυσκολεύτηκε να βρεί κατάλυμα στο σπίτι του Θανάση Δήμου που είχε σειρά εκείνες τις ημέρες για τους αντάρτες. Μα τ' αποσπάσματα τον είχανε πάρει στο κατόπι και δεν άργησαν να κυκλώσουν τ' αρχοντικό του Δήμου με έλα ολόκληρο λόχο. Ο λοχαγός κι' ένας Τουρκοκρήτας μυστικός επέμεναν πώς ο καπετάν Κουρής με τα παλληκάρια του ήταν μέσα παρά τις έντονες διαμαρτυρίες της Νίας, της νιόπαντρης κόρης του σπιτιού. Και για νάναι σύμφωνοι με τα καθιερωμένα κάλεσαν τον Παπά του χωριού και τον Πρόεδρο, πριν αρχίσουν την έρευνα. Τίποτα δεν έσωζε το καπετάν Κουρή και τα δυό του παλληκάρια, τον Θεόδωρο Αδάμ και το Μανώλη Νταντάδάκη. Πρόεδρος στο χωριό εκείνο ήταν ο Γιάννης ο Νικήτας, ένας άνθρωπος ανήσυχος, γεννημένος στη ζευζεκιά και μεγάλος πατριώτης. Όταν έφτασε ο Νικήτας, πού στο αναμεταξύ ειδοποιήθηκε το τι συνέβαινε, άρχισε μια ακαθόριστη κουβέντα έξω από τη πόρτα ως που ευγενικώτατα εζήτησε να μπει πρώτος αυτός στο σπίτι.

—Ξέρετε καπετάνιε μου πριν ν' αρχίσουμε την έρευνα θα σας παρακαλούσα να ειδοποιήσω μέσα μη τρομάξουν γιατί μια λεχώνα έχουνε πού μόλις ξεγέννησε χτες. Θάταν αμαρτία ...
—Ευχαρίστως, απαντά ο λοχαγός.
Στο ζήτημα της έρευνας όταν μάλιστα επρόκειτο ν' ανησυχήσουν γυναίκα έγκυο ή λεχώ ήσαν πολύ διακριτικοί οι Τούρκοι.
—Ακούτε, από τώρα είστε χασάπηδες που ήλθατε από το Μοναστήρι για σφαχτά, λέγει σιγανά στους αντάρτες ο Νικήτας. Γρήγορα πετάξτε αυτά τα ρούχα, τα όπλα εσύ Νία κρύψε τα στη κρυψώνα. Ακούτε, τα μάτια σας τέσσαρα. Είστε από τη Παλαιά Ελλάδα, δουλεύετε στο Μοναστήρι χασάπηδες κι' ήρθατε για σφαχτά.
Και σε λίγο λέγει ο Νικήτας:
—Ορίσατε σας παρακαλώ, ορίσατε.
Στο σπίτι του Θανάση Δήμου αρχίζει μια μεγάλη έρευνα, στο υπόγειο, ύστερα στα μεντέρια, τις ντουλάπες, το ταβάνι παντού.
—Και όμως εδώ είναι οι αντάρτες πεισματάρικα επιμένει ο μυστικός. Πρέπει λοχαγέ μου να επιμένουμε.
—Πρόεδρε, παίζεις με το κεφάλι σου, πρόσεξε καλά.
—Μάλιστα εφέντι μου. Σ' ορκίζουμαι τίποτα δεν έχει σ' αυτό το σπίτι. Το κεφάλι μου βάζω κάτω. Να τώρα δα να μου το κόψετε αν λέγω ψέμματα. Μπορεί νάμαστε Έλληνες μα δεν ανακατευόμαστε εμείς σε τέτοιες δουλειές...
Και τη στιγμή πού ο λοχαγός ήταν έτοιμος ν' ανοίξη τη θύρα του δωματίου όπου ήσαν οι αντάρτες.
—Αλήθεια κι' εδώ δεν είδαμε. Ξέρετε κάτι χασάπηδες ήλθαν από το Μοναστήρι κι' ησυχάζουν...
Ο λοχαγός και ο μυστικός μόλις αντίκρισαν τους αντάρτες ταράχτηκαν.
—Αυτοί είναι λοχαγέ μου επιμένει ο μυστικός.
—Ξέρετε Τούρκικα ;
—Όχι.
—Νικήτα ρώτησε πως τους λένε και από που ήρθαν.
Κανείς δέη ήξερε Έλληνικά και Τούρκικα μονάχα ο Νικήτας πού αρχίζει να διερμηνεύει όπως του ταίριαζε.
—Δεν σε λένε Επαμεινώνδα; Δε δουλεύεις Χασάπης; Απ' την Παλαιά Ελλάδα δεν είσαι;

—Μάλιστα κύριε Επαμεινώνδας ονομάζομαι κι' ήρθα για σφαχτά. Είμαι χασάπης στο Μοναστήρι.

Φοβήθηκε ο Νικήτας μην τυχόν τους ξεφύγει κάτι κι' οι ερωτήσεις του ήταν και απαντήσεις μαζύ. Τα ίδια έγινε και για τους άλλους. Μα ο λοχαγός σαν πως δε πίστεψε και τούς έκλεισε στο δωμάτιο. Ήταν αργά για ιό Μοναστήρι.

—Άκου Πρόεδρε αύριο τούς θέλω, θα τούς στείλω στο Μοναστήρι κι' αν είναι έτσι όπως τα λέτε, καλά, αλλοιώς κακομοίρη μου παίζεις με το κεφάλι σου. Αυτό το ξέρεις καλά. Και τι σε περιμένει ακόμη ...

—Μάλιστα εφέντη μου. Εγώ δε ξέρω από τέτοια πράγματα, μα γι' αυτούς χίλιους όρκους παίρνω πως είναι χασάπηδες.

Ξεκίνησε ο αξιωματικός.

—Ένα κονιάκ εφέντη μου δε παίρνεις; παγωνιά κάμει έξω νύχτα είναι, κάνει κρύο.

—Αι σαν είναι ένα το παίρνουμε.

Το ένα έγινε δύο, τα δύο τρία και με την ποτηριά του ο Νικήτας μέθυσε το λοχαγό που σε λίγο δεν έβλεπε την μύτη του. Αυτό ήταν. Ο Νικήτας θριάμβεψε. Ήταν στο τέλος του σκοπού του. Ένα παλληκάρι του χωριού ο Τάκης ο Δαφίνας μεσάνυχτα μέσα στα χιόνια, στη τρομερή εκείνη παγωνιά του Δεκέμβρη του 1907 που άλλοτε κανείς δε γνώρισε τέτοιο κρύο μαζί με δύο άλλους νέους γίνηκε πουλί για το Μοναστήρι, παίρνει μαζί του τρεις χασάπηδες αληθινούς αυτή τη φορά πούχε φέρει το ελληνικό κομιτάτο απ' την Παληά Ελλάδα για αντίπραξι των Βουλγάρων και τους φέρνει πάλι νύχτα απάνω στο Μεγάρεβο μόλις τα ξημερώματα. Γρήγορα μπαίνουν στο δωμάτιο όπου εκρατούντο οι αντάρτες οι ψευτοχασάπηδες. Γίνεται αλλαγή κα ο καπετάν Κουρής με τα δυό παλληκάρια του χάρις στη πανουργία του Γιάννη του Νικήτα βρίσκεται πάλι στα βουνά ελεύτερος αντάρτης.

Το πρωί οι χασάπηδες εμπρός απ' το λοχαγό.

—Και τώρα για το Μοναστήρι. Μα για στάσου χτες το βράδυ ρε Νικήτα σαν πως ο ένας ήταν μ' ένα μάτι ....

Οι χασάπηδες όμως τώρα είχαν και τα πιστοποιητικά που έλεγαν πως είναι απ' τη Παληά 'Ελλάδα ...

Φλώρινα 1938   Γεώργιος Θ. Μόδης

ΙΩΝ ΔΡΑΓΟΥΜΗΣ

Όταν τα γύρω από την Μακεδονία Βαλκανικά κράτη ασχολούνταν με την απολύτρωσί τους από τον Τουρκικό ζυγό που η δύναμί του έφτανε απάνου στο Δούναβι και την Αδριατική στην Ευρώπη η Μακεδονία ήταν ξεχασμένη.

Το κάθε μικρό βαλκανικό κράτος κύταζε μια μικρή δική του εστία να δημιουργήση. Μα σαν λυτρώθηακν όλα αυτά τα κράτη δεν άργησαν να ζητούν μια επέχτασι. Και επειδή την εποχή εκείνη δε μπορούσαν να δράσουν άμεσα στο Τούρκο σκέφθηκαν την προπαγάνδα.

Πρώτα οι βούλγαροι θέλησαν να εκμεταλευτούν το σλαυόφωνο ιδίωμα μερικών χωριών της Μακεδονίας που νόμισαν πως καλή αφορμή θα ήταν για τον σκοπό τους.

Η Μακεδονία τότε ζούσε στην Ελληνική ψυχή που της κληροδότησαν τα Βυζαντινά χρόνια και την εφύλαξε στους αιώνες λαχταριστά από γενιά σε γενιά.

Οι Μακεδόνες οι παλιότεροι ακόμη έγραφαν και μιλούσαν Ελληνικά. Οι έμποροι και μαζί ο τελευταίος μπακαλάκος μιλούσε Ελληνικά κι' Ελληνικά κρατούσε τα τεφτέρια του. Ελληνικά θυμούνται οι τωρινοί γερόντοι πως μάθαιναν στην άμμο το Ελληνικό αλφάβητο.

Οι βούλγαροι όμως νόμισαν πως ήταν καιρός ν' απλώσουν τα όνειρά τους στη Μακεδονία, και τράβηξαν κατά τα χωριά της με χρυσάφι μπόλικο που ερχόταν από τους μεγάλους ονειροπόλους πανσλαυιστάς της Μεγάλης και Αγίας τότε Ρωσσίας. Η βουλγαρία εθεωρείτο τότε το παιδί του σλαυισμού και έρισμα και η αφορμή για το πανσλαυισμό στη επέχτασί του.

Και ξεκίνησαν λογής-λογής ανθρώποι καθηγηταί από Πανεπιστήμια, αξιωματικοί ανώτεροι, καλόγεροι με σμύρναν και λίβανον και με το Ευαγγέλιο πως μια μέρα η Μεγάλη και Αγία Ρωσσία θα τους λυτρώση από τον ολέθριο Τούρκο Αγά.

Η Μακεδονική ψυχή απροετοίμαστη με κάποια ανακούφισι άκουγε τα απολευθερωτικά και χριστιανικά εκείνα κηρύγματα. Ως τόσο όμως άλλοι Μακεδόνες επείθονταν και άλλοι δυσπιστούσαν γιατί η προπαγάνδα αυτή πολλές φορές καταντούσε βίαια καταπιεστική.

Τότε αρχίζει το πρώτο ξύπνημα της Ελληνικής ψυχής.

Ξυπνά ο Μακεδόνας μα δυστυχώς νοιώθει μέσα στη φριχτή εκείνη πάλη ολόμονο τον εαυτό του, γύρω στους αμέτρητους κινδύνους, την αδιαφορία του Τούρκου και τις ανήθικες και προδοτικές ενέργειες της Ρουμανικής προπαγάνδας.

Στο αναμεταξύ χιλιάδες ιεραπόστολοι σκορπισμένοι στα χωριά της Μακεδονίας μεταβάφτιζαν τους χωρικούς εις όφσκη και ώφ. Ο αγαθοί χωρικοί φυσικά φιλόθρησκοι εύρισκαν μεγάλη ανακούφισι στην αρχή από τα κηρύγματα εκείνα των ρασοφόρων που παράπλευρα παρώτρυναν αυτούς να ετοιμάζουνται για τη μεγάλη εξέγερσι ενάντια στο τύρανο.

Επειδή όμως έβλεπαν τον χωρικό ότι έχει μεγάλη προσήλωσι στο Πατριαρχείο, που για τον χωρικό αυτό ήταν ο μόνος φάρος της χριστιανοσύνης και της ελπίδας, θέλησαν να τον αποσπάσουν από αυτό και έτσι δημιούργησαν με τη βοήθεια των Τούρκων —που στη διαίρεση εκείνη με τους Έλληνες ανεπιφύλαχτα κυβερνούσαν— το βουλγαρικό σχίσμα στα 1870 με δικό τους έξαρχο στη Πόλι. Και έτσι με το ίδιο αναγνωριστικό για την Εξαρχία φιρμάνι κατώρθωσαν στις επαρχίες εκείνες της Μακεδονίας, όπου θα το ζητούσαν τα 2/3 του πληθυσμού, να ιδρύσουν και βουλγαρικά σχολεία.

Από τότε τα σχέδια των βουλγάρων φαίνεται πως άρχισαν να πετυχαίνουν, μια που κατώρθωσαν ν' αποσπάσουν αρκετό αριθμό χωρικών από την προσήλωσι εκείνη του χωρικού προς το Πατριαρχείο, που στάθηκε ο μόνος φύλακάς του μέσα στα 400 χρόνια ενάντια στη Τουρκική αγριότητα. Τους Έλληνας οι βούλγαροι φοβήθηκαν και γι' αυτό η πρώτη τους προσπάθεια ήταν να απομακρύνουν τον χωρικό από κάθε τι το Ελληνικό, όπως από το Πατριαρχείο προς το οποίο απέβλεπε με θεία ευλάβεια και εμπιστοσύνη. Και από τα 1872 άρχισε φανερά να ξεχύνεται μια έχτρα ανάμεσα σε Έλληνες που ζητούσαν να κρατήσουν τον

Ελληνισμό τους και βούλγαρους, που κατέληξε στη τρομοκρατική φάσι το 1903,4,5,6,7 και 1908 τέτοια που ποτέ ίσως δε γνώρισε ιστορία, στους αιώνες.

Ένοπλα πια σώματα εξαπολύθηκαν στα χωριά της Μακεδονίας με έμβλημα το σίδερο, τη φωτιά και τα κόκκαλα. Σκότωναν, σχολεία κι' εκκλησίες πυρπόλησαν. Δασκάλους ανασκολόπησαν, παπάδες εκρέμασαν, μύτες, αυτιά, γλώσσες έκοψαν. Στον αρνούμενο να δεχτή τις σλαυιστικές ιδέες έπεφτε αγρία η ορμή και η βαρβαρότητα του κομιτατζή εμπρός στην οποία ωχριούσε και η πιο τρομερή ιεροεξέτασι του μεσαίωνα.

Έτσι εμπρός στην ασυμπαθή εκείνη στάσι των Τούρκων και την εγκληματικά ανάλγητο στάσι της Ευρώπης, εμπρός σε τόσες τρομαχτικές βαρβαρότητες που γενόντουσαν σε βάρος του Ελληνικού στοιχείου οι Έλληνες άρχισαν να συντάσσουν τα πρώτα ανταρτικά σώματα. Το σύνθημα έδωσαν πρώτοι οι Έλληνες του Μοναστηρίου που κατελήφθησαν από πείσμα και ενθουσιασμό, ενθουσιασμό αληθινά τέτοιο που πραγματικά έσπασε την ορμή και βαρβαρότητα του κομιτατζή.

Και στη προσπάθειά τους εκείνη οι καλοί τότε Έλληνες του Μοναστηρίου δεν άργησαν να βρουν ένα μεγάλο βοηθό ένα νεαρό μεγάλον και ανήσυχον Έλληνα οραματιστή που ύστερα από μια μακρυά περιοδεία στα Μακεδονικά χωριά διαπίστωνε πως ήταν δυνατό και επεβάλλετο μία συντωνισμένη ένοπλη δράσι ενάντια στο βούλγαρο. Και ο φλογερός εκείνος πατριώτης που εύρισκε τους πρώτους εκείνους συνεργάτες του Μοναστηριώτες τον Αργύριο Ζάχο, το γιατρό Νάλη και τον αείμνηστο πατέρα μου Θεόδωρο Μόδη, που έβαζε τα θεμέλεια της πρώτης Εθνικής Άμυνας, ήταν ο μεγάλος δια την Μακεδονία και την Ελληνική ιστορία Ίων Δραγούμης.

Όταν ο Δραγούμης ήλθε στην Μακεδονία κι είδε ένα απέραντο στάδιο όπου πάλευαν απεγνωσμένα οι Έλληνες με βούλγαρους και πολλούς άλλους εχτρούς του Ελληνισμού εφώναξε και έγραψε σε όλο το Πανελλήνιο.

—Στη Μακεδονία εκεί, στο καινούργιο σχολείο όπου θα δοκιμάσουμε τις Εθνικές μας δυνάμεις. Εκεί στο σχολείο των παλληκαριών.

Ήταν μεγάλος ο ενθουσιασμός των Μοναστηριωτών στο αντίκρυσμα του Δραγούμη, που φώναζε παντού όπου κι' αν στεκόταν όπου κι' αν βρισκόταν.

—Ας πάψουμε να είμαστε μάρτυρες και ας γίνουμε ήρωες. Χρειαζόμαστε κορμιά ηρώων και αφού υπάρχουν όπως βλέπω στο Μοναστήρι ας αρχίσουμε να τα μαζεύουμε.

Νεώτατος ο Δραγούμης επίμονα ζήτησε να σταλή Προξενικός υπάλληλος στο μοναστήρι. Εκεί τον τραβούσε η μεγάλη του κι' ανήσυχη ψυχή. Εκεί που υπήρχε μια ζωντανή κοινότητα Ελληνική. Μια κοινότητα τόσο ζηλευτή και θαρραλέα που σύντομα όλοι πείστηκαν ότι ο αγώνας από τα πρώτα ήταν εξασφαλισμένος. Υπήρχε στο Μοναστήρι υλικό χρηματικό, ηθικό Ελληνικό ζωντανό. Γιατί εκεί ήσαν οι χιλιάδες διανοούμενοι με μόρφωση Ευρωπαϊκή και καθαρά Ελληνική. Το Μοναστήρι ήταν τότε η αρχή και το τέλος του Μακεδονικού αγώνα. Ο Δραγούμης θαρραλέος, επαναστάτης σε όλα, επαναστάτης του ιδίου του εαυτού του, ήταν ο μόνος άνθρωπος που χρειαζόταν η πρόθυμη ν' αγωνιστή Μαναστηριώτικη ψυχή. Γιατί τους ενθουσίαζε, γιατί σκορπούσε ελπίδες και δράσι. Ο Δραγούμης ήταν για τον Μακεδονικό αγώνα ο Ρήγας ο Φεραίος, που δεν είχε λίρα που δεν είχε ούτε τραγούδια. Μα που είχε, ένα παλμό, παλμό αεικίνητο, ανήσυχο, με καρδιά μεγάλη.

Με τον υπέροχο του εκείνο παλμό ο Δαργούμης ξεσήκωσε όλους τους Έλληνες του ελεύθερου Βασιλείου και τους Έλληνες του Εξωτερικού. Είχε τόση θερμότητα στα λόγια του, ήταν τόσο ζωντανές και πειστικές οι σκέψεις του που κανείς μα κανείς και ο πιο απείθαρχος και δειλός ακόμη αρνείτο να τον ακολουθήση. Γιατί ο Ίων ένιωθε λαχτάρα για κάθε τι το Ελληνικό. Έτσι λαχταρούσε την κάθε στιγμή, την κάθε μέρα και ώρα που περνούσε χωρίς καμία Ελληνική εκδήλωσι γενικότερη και πλατύτερη στην Ελληνική ψυχή.

—Είμαι κι' εγώ μια στιγμή του Ελληνισμού και μου φαίνεται παράδοξο να μη μοιάζω τους άλλους, τον βουλευτή, τους προξένους, τους παπάδες, τους δασκάλους.

Ανήσυχος πάντα μας έδειξε στη ζωή του όλες του τις μεγάλες ανησυχίες και τη λαχτάρα του για κάθε τι που ήταν Ελληνικό.

—Και το χώμα και οι πέτρες βγάζουν σώματα και παντού όπου καθήσεις σε τόπο Ελληνικό δε μπορείς να ζήσης ήσυχα από τα πνεύματα αν δεν γίνης Έλληνας.

Και αλλού:

—Σαν ποταμός μεγάλος και ζεστός τρέχει ο Ελληνισμός με τους άρχοντές του, τότε μ' αρέσει που είμαι κι' εγώ ένας από τους πολλούς άρχοντες του Ελληνισμού από τον οποίο πρέπει να περάση ο Έλληνας.

Κάτι δεν χώνευε τότε του Ρωμιού ο Δραγούμης. Και αυτό ήταν η μικροπολιτική του, η αδυναμία του θεσιθήρα ρωμιού, και του ρωμιού της αυτάρκειας, και όλα αυτά για του Δραγούμη ήταν άρνησι των πλατυτέρων ιδανικών της φυλής.

Έβλεπε πως με την ημέρα ο Έλληνας απομακρύνετο από την εξαιρετική του δυναμικότητα, τις εκλάμψεις και τις υπέροχες ψυχικές του καταστάσεις και θλιβόταν για το κατάντημά του εκείνο. Ως τόσο όμως πάντα ήλπιζε στον εξαιρετικό του Έλληνα χαρακτήρα και ήταν απόλυτα πεισμένος πως πολύ γρήγορα θα ξεσηκωθή για τους αγώνες που θ' ακόνιζαν την αποφασιστικότητα και θα ξεσκλάβωναν την αυτοβουλία και θα δυνάμωναν την αντρειωσύνη του.

Αυτός δεν είχε την μικροαντίληψι της εποχής τότε των Ελλήνων της Μεγάλης Ιδέας ή της αναβίωσης της Βυζαντινής Αυτοκρατορίας, καίτοι τον κατελάμβανε μια εξαιρετική συγκίνησι για τις μεγάλες αυτές ιδέες, επιθυμίες και πόθους του Ελληνισμού της εποχής εκείνης. Μα ως τόσο μιλούσε πάντα για μια ευρύτερη Ελλαδική αντίληψι. Ήθελε συντωνισμό της ψυχικής διάθεσης του Έλληνα. Δεν ήθελε παπαγαλλισμούς Ευρωπαϊκούς ή πιθηκισμούς, των νεαρών που σπούδαζαν στην Ευρώπη και ήσαν εφοδιασμένοι με ξερές νεωτερίζουσες ιδέες του 20ου αιώνα.

Μισούσε θανάσιμα το κάθε ξένο και άπρεπο για την Ελληνική ιδιοσυγκρασία, όταν αυτό έβγαινε από το στόμα και του πιο μεγάλου ξένου σοφού της Ευρώπης κι' έμπαινε στο στόμα κάθε ψεύτικου και εντυπωσιακού ρωμιού.

Ήθελε εκείνος φυλή και ένωσι αυτής με επέχτασι του Κράτους στα πυκνότερα κατοικημένα από Έλληνες μέρη, όπως η Θράκη, η Ήπειρος, η Μακεδονία, τα νησιά. Όλη η Ρωμιοσύνη, ήθελε να στιριχτή στις τωρινές της δυνάμεις κάμνοντας τους Έλληνες περήφανους για ότι είχανε, αλλά και περήφανους να ζουν αντίκρυ στους άλλους που κάθε τόσο τους έβριζαν.

Γιατί ατυχώς τότε οι περισσότεροι νόμιζαν πως το Ελληνικό κράτος ήταν η Πραγματικότητα, ενώ αυτός πίστευε πως Πραγματικότητα ήταν ο Ελληνισμός, το Πανελλήνιο, το γένος, το έθνος. Το σύνθημα τότε που κυριαρχούσε ανάμεσα στους Έλληνες «Μη κινηθείς γιατί θα γεννήσης ζητήματα, γιατί βάνεις σε κίνδυνο το Ελληνικό κράτος» εδαιμόνιζε το Δραγούμη, και γεμάτος αγανάχτησι σε εκείνους που τον εξώριζαν για το ξεφάντωμα τούτο που ζητούσε της Ρωμιοσύνης έλεγε:

—Και τι με μέλλει αν κινδυνεύη ή όχι το κράτος, οι βουλευτές, οι υπουργοί, το σύνταγμα, ο δημοτικός ιατρός, ο νομομηχανικός και τα σαπιοκάραβα και οι στρατώνες. Θα κάμω παντού και πάντα ότι κι' αν νοιώθω πως είναι σωστό να γίνει όπου κι' αν ευρίσκομαι σε όποιας Ελληνικής γωνιάς κι' αν ευρίσκομαι ποτέ δε θα παύσω από του να γράφω. Να δυναμώσουν οι Έλληνες όσο μπορώ περισσότερο για να τους ξεσηκώσω και θα μου είναι αδιάφορο αν το κράτος το Ελληνικό έχει αρκετό στόλο και στρατό να υποστηρίξη το ξεσήκωμα που θα κάμω, το σπρώξιμο που θα δώσω. Έτσι ο Ίων αρνείτο την πραγματικότητα του Ελληνικού κράτους ως κέντρο του Ελληνισμού.

Η καταγωγή του Δραγούμη κατά την οικογενειακή τους παράδοσι είναι το Βογατσικό της Μακεδονίας. Δεν είναι πλέρια καθορισμένη η βάσι του γενεαλογικού δέντρου, πλην όμως καθαρό είναι και σαφές από εκατό και δώθε χρόνια το γένος Δραγούμη.

Οι Δραγούμηδες το έφερναν περήφανα που είχαν την καταγωγή τους από την Μακεδονία και ίσως γι' αυτό εξαιρετικότερα ενδιαφέρθηκαν γι' αυτήν όλοι τους, από τους χρόνους της Τουρκοκρατίας.

Ο Μάρκος Αθ. Δραγούμης έζησε από τα μικρά του χρόνια στη Πόλι από τα 1770-1854. Δευτερότοκος γυιός ήταν ο Νικόλαος Μ. Δραγούμης τέκνον δευτερότοκον του οποίου υπήρξε ο Στέφανος Δραγούμης πρωθυπουργός της Ελλάδας και πρώτος Γενικός Διοικητής της Ελληνικής Μακεδονίας και πατέρας του Ίωνα Δραγούμη.

Την Ελληνική φυλή έβλεπε σαν ένα μεγάλο ιδανικό που έπρεπε να ζη αναμεταξύ σ' όλους τους λαούς της Δύσης και ανατολής. Γι' αυτό σκοπός της ζωής του υπήρξε να ηλεχτρίση και ξεσηκώση όλους τους Έλληνες. Την ένωσι όλων των Ελλήνων ήθελε. Ήθελε ακόμη να δοθή η ελευθερία σε όλους τους Έλληνες. Όλη η παλαιά ιστορία, η μεσαιωνική. Ακόμη μια εκκλησούλα, ένα μοναστήρι, ένα τροπάρι της εκκλησίας, ένα όνομα αυτοκράτορος τον συγκινούσαν βαθειά.

—Θέλω να είμαι ωραίο δείγμα ανθρώπου Έλληνα. Να ο σκοπός της ζωής μου, έλεγε κάθε τόσο στους γύρω του.

Πάντα τον εβασάνιζε η θύμισι του βασανισμένου του Έθνους. Ήθελε να φτιάση πρώτα το Έθνος του κι' ύστερα να αφήση ελεύθερο τον εαυτό του να δημιουργήση κάτι άλλο. Να γιατί ο Δραγούμης από τους συγχρόνους του δεν μπορεί να παρεξηγηθή πως ήταν προχωρημένος αριστερός. Γιατί το λέγει ο ίδιος. Πως δε χωρούσε τίποτα άλλο στο μυαλό του πριν δει καλοφτιαγμένο το έθνος του. Καμιά σκέψι άλλη. Καμιά απασχόλησι. Γιατί και κάπου αλλού θα τον ακούσουμε να λέγη.

—Μόνο αν δεν είχα διαβάσει την ιστορία μου, αν δηλαδή η παιδική ηλικία μου δεν ήταν Ελληνική ή αν είχα γεννηθή στο Παρίσι θα μπορούσα να μην είμαι Έλληνας, θα μπορούσα να έχω κοσμοπολίτικες σκέψεις. Καθαρά το λέγει και φυσικά δεν ήταν δυνατόν ένα τόσο καθαρό, τόσο γάργαρο μυαλό, ζωντανό κι' ανήσυχο, βουτηγμένο ίσα με το τελευταίο κύτταρο μέσα στην Ελλάδα του, να σκεφτή και να δράση αλλιώτικα πριν αντικρίση ολοκληρωμένο το Έθνος του. Μεγάλος αισθητικός, επιρρεασμένος από τα πατριωτικά του αισθήματα έβλεπε πολύ πιο μακρυά από ότι του επέτρεπε η λογική, τόσο που δεν είχε τελειωμό.

—Εγώ δεν μπορώ να γίνω κοσμοπολίτης γιατί ο κοσμοπολιτισμός δε πέρασε ακόμη από την αισθητική μου δύναμι για να γίνη δικός μου. Οι κοσμοπολίτες είναι τομαρικοί και αντιαισθητικοί.

Ο Δραγούμης όπως λέγει ο Νίτσε ήταν μεγάλος όπως κι' οι μεγάλες εποχές που μοιάζουν τις εκρηκτικές ύλες.

Μια σκέψι βαθύτερη, στοχαστικότερη βασάνιζε το Δραγούμη που περνούσε σα σκοτεινό σημάδι εμπρός του. Και τούτο ήταν η προσύλωσι του ρωμιού του ελεύθερου Βασιλείου, στη βρύση και στο γιοφύρι που έπρεπε να υποσχεθή στο συμπολίτη του. Με το τρομερό εκείνο σύστημα της αισχράς συναλλαγής διαπίστωνε πως δεν ήταν δυνατό να κρατήσουνε τα μεγάλα όνειρα της φυλής.

—Το Σύνταγμα κι' οι βουλευτές είναι μια αρρώστεια. Μ' αυτά δε θα μπορέσουμε να κάνουμε το ξεσκλάβωμα εκατομμυρίων αδελφών.

Το μοντερνισμό και τις καινούργιες ιδέες ο Δραγούμης εφοβόταν πολύ γιατί πίστευε πως για το Έθνος ήταν οι πιο φθοροποιές δυνάμεις. Η ξενομανία, τα ξένα συντάγματα, οι ξένες κοσμοθεωρίες, η απομάκρυνσι από τους σοφούς αρχαίους μας, από τη Μεγάλη Βυζαντινή Αυτοκρατορία και τον υπέρλαμπρο πολιτισμό της, η απογύμνωσι του Έλληνα από κάθε τι το δικό του, των πατέρων του ήταν όλεθρος για την μελλούμενη γενεά.

—Μας επιβουλεύονται οι μοντέρνες ιδέες, εφώναζε, ο σύγχρονος πολιτισμός με τις ακρότητες με το μαϊμουδισμό του, με τη φιλανθρωπία του, την αλληλοβοήθειά του, με το ισοπέδωμα που κάμει αυτός ο σύγχρονος πολιτισμός που μας κάμνει μέτριους, άκακους και μικρότερους, που μας κάμει ακόμη ζώα στο κοπάδι.

Δεν ήταν ο Δαργούμης συνεπώς ο προχωρημένος άνθρωπος με τις προχωρημένες ιδέες του όπως θέλησαν να μας τον παρουσιάσουν πολλοί ελαφροί βιογράφοι του. Τον σοσιαλισμό ο Δραγούμης τον θεωρούσε σαν ψοφισμένο και γέρικο πολιτισμό.

—Η ιδεολογία αυτή φέρνει στον άνθρωπο πολλές κοπαδιαστές ιδέες, τον αντιστρατιωτισμό, τον αντεθνισμό, την έχτρα προς το κράτος, την οχλοκρατία και τον αναρχισμό, έλεγε.

Είχε τν εντύπωση πως πάντα μια τάξι ανθρώπων σε οποιαδήποτε εκδήλωσι της ιστορίας θα κυβερνά. Τάχα η τάξι των σκλάβων άμα κυριαρχίση δεν θα γίνη πιο τυραννική. Μήπως και οι ίδιοι δε θα θελήσουν ν' αποκτήσουν σαν τους νέους δικαιώματα. Ποτέ δεν είναι δυνατό να κυβερνήση μια μέρα η τάξι των ανίδεων, των βαρβάρων η τάξι. Όλη δε τη σοσιαλιστική κίνησι τη θεωρούσε σαν μια ουτοπία, καθαρά.

Ως τόσο ο Δραγούμης για να ξαναδυναμώση το έθνος πίστευε πως δυο πράγματα έπρεπε να γίνουν:

α) Να βρεθή ένα ιδανικό και β) να επιβληθή το ιδανικό αυτό στο έθνος. Ένας πρέπει να είναι εκείνος που θα βρη το ιδανικό αυτό, που θα είναι η αγάπη για τη πατρίδα και η πειθάρχησι σ' αυτή.

Ένας ήταν ο άνθρωπος που χρειαζόταν ο τόπος.

Δε ξέρω αν ο Δραγούμης εννοούσε τον ίδιο τον εαυτό του που αληθινά σε κείνη τη κομματική εξαθλίωσι της εποχής του ήταν το μόνο φωτοβόλο αστέρι για την Ελλάδα. Πάντα όμως πίστευε πως μονάχα ο ένας ήταν εκείνος που θα ολοκλήρωνε τον Ελληνισμό με τα όνειρά του.

—Οι κοινότητες ας κοιτάζουν τα κοινοτικά τους. Κι' αν έχη ο τόπος βουλευτές ας μη κοιτάζουν τα εθνικά ζητήματα. Τα Εθνικά να τα κοιτάζη ένας που δεν έχει να συλλογιστή ούτε επαρχιακά, ούτε την αισχρή συναλλαγή της πολιτικής.

Ο Δραγούμης ήταν στρατιώτης πρώτος στην Ελλάδα και αγνός πρωτοπόρος που στη ψυχή του απόλυτα υπήρχε η Ελλάδα.

Δεν ήταν νοσηρά και ανόητα πατριώτης. Η αυτοκριτική του όμως, το μεγάλο του θάρρος, η διορατικότητά του τον κατατάσσουν ανάμεσα στους ξεχωριστούς Έλληνες της εποχής μας που έγραφαν την ιστορία της Πατρίδας τους με την ίδια την ζωή τους και το πολύτιμό τους αίμα.

Οι Έλληνες οι πιο ζωντανοί, οι πιο ζουμεροί είναι όλοι τους δημοτικιστές.

Ο Δραγούμης έβλεπε το γλωσσικό ζήτημα όχι ως τέτοιο μονάχα, αλλά και σα κοινωνικό τέτοιο. Γιατί πίστευε απόλυτα πως με το Δημοτικισμό ο Έλληνας θ' αρχίση ν' αλλάζη μυαλό και θ' αρχίση να νοιώθη πράματα που δε τάνοιωθε ίσα με τότε. Ο δημοτικισμός θα τους κάμει πραγματικότερους και σύμφωνους με τους εαυτούς των τους αληθινούς. Θεωρούσε τότε τη δημοτική σα μια χαρούμενη και αξιαγάπητη αρρώστια που δεν έρχεται μόνη, αλλά που φέρνει μύρια καλά, που φέρνει σωρούς κι' αρμαθιές ιδέες, αντιλήψεις, σκέψεις, αισθήματα και καινούργια, δροσερά κι' ανοιξιάτικα τέτοια που μόνο με τους όγκους των αρχαίων μεγαλοπρεπειών παραβάλλονται. Μεγάλη διάθεσι είχε στη δημοτική γλώσσα, γιατί μ' αυτή τη δημοτική, τη καθάρια και παστρική πίστευε πως καλλίτερα το Έθνος, η Ελλάδα του θα ζωντάνευε τα ιδανικά. Μονάχα όταν μια μέρα θα κατώρθωνε ο ρωμιός ελευθερα να εκφραστή, αβίαστα κι' απλά θ' ανδρωθή, θα τραβήξη εμπρός. Μια σιχασιά ένοιωθε για τις υπερβολικότητες και των δυο παρατάξεων. Οι υπερβολικοί δημοτικιστές θέλαν να γράψουν μια γλώσσα που κι' αυτοί δεν την γνώριζαν. Ίσως ακόμη που και σήμερα δεν την γνώρισαν καλά, αφού οι αυθαίρετοι και υπερβολικοί αυτοί, ολότελα την παραμόρφωσαν.

—Κούφιες και άμετρες φιλοδοξίες δε θα βρουν άκρη και λύσι στο περίφημο αυτό ζήτημα της γλώσσας. Γιατί κανείς τους δε θέλησε πρώτα να διαβάση, να φωτιστή. Γενικός ήταν τότε στην εποχή του ο πόθος να λυτρωθή ο Ελληνισμός από το φθοροποιό Πιστριώτη που ήταν τόσο μακρυά από την πραγματικότητα και τη γλώσσα του λαού, την μεγάλη αυτή δύναμη. Και κανείς δεν στρωνόταν να διαβάση και να χαράξη τη γραμμή της καινούργιας και ζωντανής του λαού γλώσσας. Πάντα παραπονιόταν που δε θέλησε κανείς να γράψη, να γίνη πρωτοπόρος.

—Για να πολεμήσουμε στρατιώτες της δημοτικής πρέπει να είμαστε τέλειοι, φωτισμένοι σε όλα τα ζητήματα και δυστυχώς τέλεια φωτισμένοι δεν είμαστε, ούτε κι' ολότελα σύμφωνοι. Πρώτα να μελετήσουμε τα ζητήματα, μαζί να παρακολουθήσουμε σιωπηλοί, χωρίς πολλές κουβέντες και μαλώματα κα βλακείες. Πρώτα να προσπαθήσουμε να γράφουμε και να διαβάζουμε και να μιλούμε όπως πρέπει αυτή τη γλώσσα που δεν ξέρουμε τι πρόσωπο και τι μορφή έχει.

—Έναν Ελληνισμό μεγάλο και όμορφο με την Ελληνική του γλώσσα και ψυχή ονειρεύομαι.

—Αυτή είναι η γλώσσα και αυτού θα βρήτε την ψυχή σας.

Αλλά και για τα σχολεία ο Δραγούμης εμίλησε με πάθος και Ελληνική διάθεσι.

—Η παιδεία σε ένα Έθνος φανερώνει τη διανοητική του κατάστασι. Όταν δε τα σχολεία είναι πλασμένα σύμφωνα με την ιδεολογία μιας τάξης ανθρώπων γίνουνται αιτία που επιδρούν άσχημα σε όλη τη κοινωνία. Τα σχολεία τα έβλεπε σαν έργο άδειας σοφίας. Του έφταιγαν οι νεκροί, οι στείροι γραμματιζούμενοι κι' απορούσε και θλιβόταν που δεν έβλεπε ποιός θα τους γλύτωνε από τις παρακρούσεις του στείρου εκείνου πνεύματος της εποχής του.

—Τότε το έθνος θα καλλιτερέψη σαν φτιάσουμε απογόνους, πλην όμως Έλληνες με κάποια ξεκαθαρισμένα ιδανικά. Τα παιδιά καταστρέφονται από τους δασκάλους που μοιάζουν μπόγιες και δήμιους και που θυσιάζουν το πνεύμα για το γράμμα. Μ' αηδία άκουγε τους γραμματικούς κανόνες και συνταχτικούς που αποροφούσαν όλη την Ελληνική ζωντάνια με τις παπαγαλίστικες αποστηθίσεις.

—Οι δάσκαλοι που δεν έχουν να μεταδώσουν ενθουσιασμό πρέπει να σκοτώνονται, έλεγε όταν διαβάζοντας ανάμεσα σε ανθρώπους της φυλής του ελληνικού έθνους έβλεπε τα μάτια τους δίχως τη λάμψι της ζωντάνιας του ενθουσιασμού.

Και εφοβείτο τότε ο Δραγούμης μήπως η Ελληνική ψυχή παραμοφωθή από τα σχολεία που δεν εννοούσαν οι δάσκαλοί τους να αποτραβήξουν από τη προγονοπληξία, τους παπαγαλλισμούς και τους κούφιους ωραίους στίχους. Τον δάσκαλο ήθελε να θερμαίνη τη ψυχή του παιδιού μ' εθνική συνείδησι με τη σύγχρονη γνώσι της Ελληνικής ζωής, τις Ελληνικές ιστορικές απαιτήσεις. Να κάμη τα παιδιά να καταλάβουν πως άμα το Έθνος είναι δυνατό θα είναι κι' αυτά δυνατότερα και πιο αποδοτικά. Τα σχολεία τα Ελληνικά είναι για δύο σκοπούς α) Ν' ανοίγουν το μυαλό του παιδιού β) Ν' αφήνουν το παιδί στον ενθουσιασμό του. Γνώσι και μαθήματα πολλά όποιος θέλει θα τα μάθη μόνος του.

Ο Δραγούμης μελετούσε πολύ. Μικρότερη στιγμή δε άφηνε ανεκμετάλλευτη. Οι προσφιλέστεροί του συγγραφείς ήταν ο Πλάτων, ο Σαίξπηρ, ο Γκαίτε, ο Ντοστογιέφσκη, ο Νίτσε, ο Μπαρρές και άλλοι σημαίνοντες σύγχρονοι.

Ο Δραγούμης και στα γράμματα δεν υστέρησε. Τουναντίον τα λογοτεχνικά του έργα, σπάνια, πρωτότυπα, φλογερά και παλμικά ίσως δε μοιάζουν των συχαμένων ιστοριών της Νταίζης, της Κούλας, του Μιμίκου και της Λούλας μα θα μείνουν κλασσικά εις το είδος των. Όλα σοβαρά καλογραμμένα σ' ένα ύφος τρεχούμενο, αβίαστο, καθαρό, γρήγορο με όμορφες κι' απλές πλοκές, με λόγια στους ήρωές τους γενναία σταρατά. Γενικά τα έργα του Δραγούμη θα μείνουν κλασσικά για τη ζωή του Ελληνισμού που ήθελε να διδάξη, να ξυπνήση και να κατευθύνη προς τους πραγματικούς της σκοπούς την Ελληνική ψυχή. Και το κατόρθωσε ο Δραγούμης γιατί ήταν ο Μεγάλος βάρδος της πένας. Γιατί καθαρά μας το λέγει ύστερα το μεγάλο ξύπνημα της Ελληνικής ψυχής και το χαραυγές του καινούργιου μας Ελληνικού πολιτισμού. Ήταν το ξύπνημα του στρατού που τα διδάγματα κι' οι αγώνες του τον ωδήγησαν ίσα με το Περιστέρι, πέρα στη Θράκη και τ' αγαπημένα του νησιά.

Στο βιβλίο του «Σαμοθράκη» εζήτησε να μας συγκινήση με τις πηγές του πρώτου Ελληνισμού. Στο «Όσοι Ζωντανοί» μας καθώρισε και ετόνισε πόση μεγάλη σημασία είχε η θέσι του Ελληνισμού ανάμεσα στους δυο Πολιτισμούς, τον Ανατολικό και το Δυτικό. Στο «Μονοπάτι» με τα πιο τσουχτερά λόγια θέλησε να χτυπήση τους νέους της εποχής του 1900 και να τους πει πόσο άσχημα σκέπτονται όταν εργάζονται τομαρικά και κοιτάνε μόνο την ησυχία τους. Με το «Μαρτύρων και ηρώων αίμα» ήθελε να τονώση και ζωντανέψη από την Ελληνική νεότητα κάτι που το είχε ξεχασμένο. Τη Ζωντάνια και την Εκδίκησι.

Ο Ίων γεννήθηκε το έτος 1878 στην Αθήνα. Γράφτηκε στα νομικά. Το 1897 αισθάνεται τους πρώτους ψυχικούς πατριωτικούς συγκλονισμούς και κατατάσσεται εθελοντής στο στρατό. Το φθινόπωρο του 1902 τοποθετείται υποπρόξενος στο Μαναστήρι, το σημαντικότερο κέντρο του Ελληνισμού. Εκεί έθεσε τις βάσεις της Εθνικής Άμυνας ενάντια στο σλαυικό στοιχείο που ζητούσε τα χρόνια εκείνα να καταπνίξη τον Ελληνισμό και διοργάνωσε με εγκρίτους κατοίκους του Μοναστηρίου τα πρώτα Ελληνικά σώματα. Δεν άργησε να πείση και τον από αδελφή γαμπρό του Παύλο Μελά να εξορμήση προς την Μακεδονία το γρήγορο σκοτωμό του οποίου ύμνησε στο πεζό λόγο με το διήγημά του ο θάνατος του παλληκαριού.

Ο Δραγούμης ανήσυχος όπως ήταν δε κράτησε πολύ στο Μοναστήρι. Έτρεξε όλη τη Μακεδονία απ' άκρη σ' άκρη, χωριό σε χωριό την Ανατολική και Δυτική, ακόμη την Ανατολική Ρωμυλία και Θράκη. Το χρόνο 1907 τοποθετήθηκε στη Ελληνική Πρεσβεία της Κωνσταντινούπολης. Αλλά και παντού όπου ήταν απαραίτητος, έτρεχε χωρίς διατυπώσεις. Το 1905 πρόθυμα δέχτηκε το Προξενείο της Αλεξάντρειας και τούτο γιατί είχε μεγάλο Ελληνισμό. Το δε 1914 διωρίστηκε πρεσβευτής στη Πετρούπολη όπου διωργάνωσε τις Ελληνικές κοινότητες της Ρωσίας. Κατά το μεγάλο πόλεμο ο Δραγούμης βρέθηκε ψυχικά στο πλευρό των Συμμάχων διότι πίστευε απόλυτα πως η Ελλάδα δεν ήταν δυνατό ν' αφεθή ελεύθερη και ουδέτερη οπωσδήποτε.

Ήθελε όμως την έξοδο στο πόλεμο όχι με εκβιασμούς και εσωτερικές διαιρέσεις. Αλλά και στο Παγκόσμιο πόλεμο ο Δραγούμης εξόριστος από την τότε Κυβέρνησι δεν έπαυσε να δουλεύη για την αγαπημένη του Ελλάδα. Από τη Κορσική πρώτα και ύστερα από το Μούδρο έστειλε μακρύτατο υπόμνημα στη Διάσκεψι της Ειρήνης για τη δικαίωσι του Ελληνισμού.

Όταν επέστρεψε από την εξορία επανεξέδωσε τη Πολιτική Επιθεώρησι, πολιτικό περιοδικό που σημαντικά εβάραινε η γνώμη του στη πολιτική της Ελλάδας. Εργάστηκε με σθένος να κατέλθη η αντιπολίτευσι ενωμένη στον αγώνα του 1920 και το πέτυχε.

Ο Δραγούμης έκαμε τρομερή σπατάλη ενεργητικότητας. Ήταν ερευνητικός, ενεργητικός, γενναίος, στις αποφάσεις του, θαρραλέος στις σκέψεις του και τις γνώμες. Το σπουδαίο ήταν που είχε εξαιρετική διορατικότητα και εμπιστοσύνη στο αλάνθαστό του ένστιχτο. Ο Δραγούμης δεν είχε μυωπία στα σύγχρονα ζητήματα, μα ούτε πρεσβυωπία στα περασμένα με τις ανόητες και ατελεύτητες προγονοπληξίες.

Έβλεπε ζωντανά, περήφανα και μεγαλουργικά.

Γ. Θ. Μόδης
ca. 1935

ΜΑΚΕΔΟΝΙΚΟΣ ΑΓΩΝ

Ο αγών ούτος εγεννήθη μέσα εις την φλόγα της ορμής των Ελλήνων και Βουλγάρων, οίτινες προσεπάθουν να επικρατήσουν ο εις του άλλου. Πρώτοι αγωνιζόμενοι να συγκρατήσουν τον διαρρέοντα Ελληνισμόν, οι δεύτεροι να εκμεταλευθώσιν την κατάστασιν και να δημιουργήσωσιν σλαυικήν Βουλγαρικήν εστίαν. Ο Μακεδονικός αγών δικαίως υπό των πολλών θεωρείται ο πρόδρομος της απελευθερώσεως της Μακεδονίας δια την ελευθερίαν της οποίας τόσον αίμα και χρήμα εχύθη υπό των γύρω αυτής Βαλκανικών λαών δια των διαφόρων προπαγανδών. Διότι σπανίως ιστορίες και άλλοι κοινωνικοί αγώνες μας παρουσίασαν τοιαύτα φρικώδη κακουργήματα. Ο Μακεδονικός αγών όστις κυρίως ήρχησε εν όλη του την ένταση από του 1903 μέχρι του 1908, εποχής του Τουρκικού Συντάγματος, υπήρξε ένας απεγνωσμένος αγών δύο κυρίως αντιπάλων προ παντός, Βουλγάρων και Ελλήνων, προς επικράτησιν των με ή των δε. Ο φανατισμός τοιούτος υπήρξε τότε, ώστε σήμερον εν πλήρει εικοστώ αιώνι και εις εποχήν φιλειρηνικοτέρων αρχών και χαλάρωσιν Εθνικιστικών αισθημάτων, να παρατηρούμεν ανεξίτηλα τα ίχνη της τρομακτικής εκείνης προπαγάνδας εν Βουλγαρία τω προσώπω των Κομιτατζήδων. Με τον Μακεδονικόν αγώνα οι βούλγαροι, μία αγρία και απολίτιστος ορδή, εζήτησε να επιβάλη την βουλγαρικήν έναντι του Ελληνικού στοιχείου, το οποίον απετέλει το εκλεκτικώτερον και ευγενικώτερον και παλαιώτερον στοιχείον της Μακεδονίας. Έργον των κομιτατζήδων Βουλγάρων, οίτινες δυστυχώς έδρων πολύ ενωρίτερον ημών των Ελλήνων, ήτο να επιτύχουν τελείως την ψυχικήν και γλωσσικήν αφομοίωσιν των Μακεδόνων χωρικών. Πυρ δε και σίδηρος ακολουθούσεν όταν δεν ίσχυον τα καλά λόγια και αι αργυραί λόγχαι. Επυρπολούντο χωρία ολόκληρα, άτινα επέμενον εις τας αντιλήψεις των περί Ορθοδοξίας, Πατριαρχείων και Ελλάδος. Πρώτιστον έργον των επιδρομέων κομιτατζήδων εις τι χωρίον ήτο να εξοντώσωσι τους πυρήνας εκάστου, αφού προηγουμένως τους ηκρωτηρίαζον, αποκόπτοντες του Έλληνος ιερέως, διδασκάλου, και παντός εμμένοντος εις την Ελληνικήν Ιδέαν, την μύτη, την γλώσσαν, και χίλια αλλά κατακρεουργήματα μέχρις ότου το θύμα εξέπνεε. Και τούτο εγένετο πάντοτε κατόπιν προηγουμένης προειδοποιήσεως υπό του κομιτάτου, καθ' ην ενετέλλοντο οι δυστυχείς ούτοι που αντεστρατεύοντο εις τους κομιτατζηδικούς σκοπούς να απαρνηθούν τον Ελληνισμόν των. Εις τους αρνουμένους επέπιπτε όπως είπον ακάθεκτος και τρομερά η κομιτατζηδική ορμή ενώπιον της οποίας ωχρία και πας του μεσαίωνος ιεροεξεταστής.

Η Βουλγαρία μετά το πραξικόπημα της Αν. Ρωμυλίας, καθ' ό η Ελληνικοτάτη αυτή επαρχία προσηρτήθη αυτή, εστράφη δι' όλων της των δυνάμεων προς την Μακεδονίαν, προς την οποίαν απέβλεπε μετά μεγάλων πιθανοτήτων επιτυχίας. Διότι από της εποχής του Τσάρου Συμεών, ότε το μεγάλο ούτο κράτος το οποίον αναγεννάτο προς στιγμήν δια της Συνθήκης του Αγίου Στεφάνου οι βούλγαροι ουδέποτε έπαυσαν να γαλουχούνται με το όνειρο αυτό της μεγάλης Βουλγαρίας. Μετά την διάρηξιν της μεγάλης αυτής πομφόλυγος του Αγίου Στεφάνου δια της Συνθήκης του Βερολίνου οι Βούλγαροι δεν απεγοητεύθησαν. Τουναντίον ενεθαρρύνθησαν προς στιγμήν διότι είδον, ότι η Συνθήκη εκείνη του Α. Στεφάνου πολλά εις το μέλλον τοις υπέσχετο. Εφάνη ευθύς ότι οι φίλοι και συμπαθούντες ήσαν αρκετοί επί των οποίων θα εστήριζον πάσαν ελπίδα και ενίσχυσιν εις το μέλλον. Με τοιαύτας λοιπόν βλέψεις και όνειρα που παρ' ολίγον έπαιρναν την μορφήν της πραγματικότητος εξεστράτευσαν ανενόχλητοι σχεδόν προς την Μακεδονίαν. Και επειδή εν στοιχείον που θα αντέτασσεν άμυναν και θα απέβαινε εμπόδιο εις τους σκοπούς των ήτο το Ελληνικό, διεκήρυξαν ερχόμενοι εις Μακεδονίαν λίαν πονηρώς το «Η Μακεδονία δια τους Μακεδόνας» ζητήσαντες ούτω την συνδρομήν των Ελλήνων δια τον κοινόν αγώνα.

Βουλγαρικόν Σχίσμα. Περί την δύσιν του 19ου αιώνος και τας αρχάς του 20ου αναφαίνεται επί του Μακεδονικού ορίζοντος το φάσμα του σλαύου επιδρομέως υπό το ράσσον του μοναχού.

Χιλιάδες ιεραπόστολοι εξαπεστάλησαν από την Αγίαν Ρωσσίαν ανά τα Μακεδονικά χωρία κηρύττοντες τον σλαυισμόν και μεταβαπτίζοντες τους χωρικούς αυτής εις -όφσκη και -ωφ. Τραϊανός ήτο το όνομα και το μετέτρεπον εις Τράϊτσεφ ή Τραϊτσέφσκη. Οι αγαθοί χωρικοί φύσει φιλόθρησκοι εύρισκον μεγάλην ανακούφησιν εις τα κηρύγματα των ρασοφόρων οίτινες συγχρόνως με την ερμηνίαν του ευαγγελίου παρώρμων αυτούς να ετοιμάζωνται δια την εξέγερσιν κατά του Τούρκου Τυράννου. Εις το έργον των Βουλγάρων συνετέλεσε πολύ σημαντικώς η εμφάνησις του περιφήμου εν Κωνσταντινουπόλει Ρώσσου Πρεσβευτού Ιγνάτιεφ όστις ονειρευόμενος ένα πανσλαυισμόν εραδιούργει και ειργάζετο κατά τρόπον πολύ προκλητικόν. Επίσης η ανοχή των Τουρκικών αρχών, αι οποίαι κατόπιν των αλλεπαλλήλων εξεργέσεων των Βαλκανικών λαών έβλεπον προβληματικήν την θέσιν των εν τη Μακεδονίνα ενίσχυσε την βουλγαρικήν βουλιμίαν. Διότι μόνον έτσι υπελόγιζον οι Τούρκοι να παρατείνουν την παραμονήν των εν τη Ευρωπαϊκή Τουρκία, εφαρμόζοντες το Χαμίτειον αξίωμα—διαίρει και βασίλευε. Δια τούτο δε και συνετέλεσαν εις την διάσπασιν αργότερον του Βουλγαρικού Χριστιανικού στοιχείου από των Πατριαρχείων, δια φιρμανίου του Μαρτίου του 1870 δι' ου παρείχετο το δικαίωμα ιδρύσεως Βουλγαρικής Εξαρχίας και συγχρόνως το δικαίωμα διορισμού Βουλγάρου Επισκόπου και ίδρυσιν σχολείων εις τας επαρχίας εκείνας εις τας οποίας τα 2/3 του πληθυσμού των θα το εζήτουν.

Δια τα σχέδια των Βουλγάρων η απόσχισις του Βουλγαρικού Χριστιανικού στοιχείου από των Πατριαρχείων υπήρξε σπουδαίον γεγονός, διότι η θρησκεία την εποχήν εκείνην ήτο συνυφασμένη με τον Εθνισμόν. Το Πατριαρχείον δια τον απλόν χριστιανόν υπήρξε ο μόνος φάρος εις τους τυραννικούς χρόνους. Το ζήτημα της θρησκείας επεσκίαζε το της φυλής. Ο χωρικός προς το Πατριαρχείον έτρεφε τας μόνας του ελπίδας εις τας κρισίμους στιγμάς. Αυτό ήτο εκείνον που εμεσολάβει παρά την Υ. Πύλη δια τας διαφόρους αυθαιρεσίας των Βασιβουζούκιδων.

Δι' αυτό και οι Βούλγαροι πριν ή αρχίσουν τον ένοπλον αγώνα εναντίων των Ελλήνων, εσκέφθησαν να κτυπήσουν την θρησκείαν. Ν' απομακρυνθή ο χωρικός από τον τηλαυγή εκείνον φάρον της Χριστιανοσύνης προς τον οποίον έβλεπε με θείαν εμπιστοσύνην και ευλάβειαν. Δια πολλών πραξικοπημάτων κατ' ευσεβών ιερέων και εκκλησιών κατώρθωσαν να δημιουργήσουν κίνδυνον εις τα Πατριαρχεία καταλαμβάνοντες αυθαιρέτως μονάς και εκκλησίας και εγκαθιστώντες ιερείς ιδικούς των, εξαρτωμένους εκ της Εξαρχίας Κωνσταντινουπόλεως ήτις ήδη είχε καταρτισθή. Το Πατριαρχείον κατόπιν τούτων των βαρβαροτήτων συνακάλεσε μεγάλην Σύνοδον Πατριαρχών, Μητροπολιτών και άλλων Ορθοδόξων θρησκευτικών Αρχηγών και αφώρισε το Βουλγαρικόν Εξαρχείον, απέκλεισε από της Ορθοδόξου Εκκλησίας και εκύρηξε το Σχίσμα την 16ην Σεπτεμβρίου 1872.

Εκ του γεγονότος τούτου όπερ οι βούλγαροι επεδίωξαν δεν απεγοητεύθησαν. Τουναντίον ενεθαρύνθησαν και εκ της τότε νίκης των κατά των Σέρβων και της μεγάλης εκείνης πομφόλυγος της Συνθήκης του Αγίου Στεφάνου ήτις ευτυχώς εν τη γεννέσει της έτι διερράγη επεδόθησαν μετά μεγαλυτέρου φανατισμού και θάρρους εις το έργον των.

Από του 1872, εποχής του σχίσματος των Βουλγάρων, ο αγών των εναντίων των Ελλήνων ενετάθη. Ο κυρίως όμως Μακεδονικός αγών καθ' ον αμφότεραι αι παρατάξεις επέπεσαν η μία εναντίον της άλλης εις τον πρωτοφανή εκείνον αλληλοσπαραγμόν ήρχισε εντονώτερος από του 1900 και εντεύθεν, εποχής καθ' ην δύο ληστρικαί συμμορίαι εξελειχθήσαι αργότερον εις κομιτατζηδικάς ανεφάνησαν εις τον Μακεδονικόν ορίζοντα.

Πρώται Αρχαί. Εμπνευσταί του πρώτου Βουλγαρικού κομιτάτου όπερ ιδρύθη εν Σόφια υπό την ανοχήν της Βουλγαρικής Κυβερνήσεως απετελέσθη εκ του Σαράφωφ, Γιάγκωφ και Ζόντσεφ οίτινες ανέλαβον την οργάνωσιν του αγώνος δια της ενόπλου δράσεως των κομιτατζήδων. Με την πρώτην των όμως εμφάνισιν διεσπάσθησαν χωρίς όμως να ναυαγίση και η ιδέα της ενόπλου δράσεως. Άλλοι τούτων εκηρύχθησαν υπέρ της αυτονομίσεως της Μακεδονίας υπό τον Σαράφωφ και οι άλλοι υπό τον Ζόντσεφ ονομασθέντες Βερχοβισταί, οίτινες δεν απέκρυπτον ότι ειργάζοντο προς εκβουλγαρισμόν της Μακεδονίας με απώτερον σκοπόν την προσάρτησιν.

Επωφελούμενοι οι Βούλγαροι της ολοκληρωτικής απορροφήσεως της Ελλάδας εις το Κρητικόν ζήτημα και εξασθένησιν της κατόπιν του ατυχήματος αυτής του 1897 και της εγκληματικής αδιαφορίας της ολιγαρχίας τότε ήτις διηύθυνε την Ελλάδα ήρχισαν

Μακεδονικός Αγών 41

να οργιάζουν τελείως ανενόχλητοι. Η ορμή των κομιτατζήδων υπήρξε τοιαύτη ώστε να μην διστάσουν να διακορεύσουν αθώας νεάνιδας, να εξορύσσουν οφθαλμούς, ν' αποκόπτουν μαστούς, χείρας, πόδας και να διαπράττουν χιλίας άλλας βαναυσότητας. Ο διαπρεπής Γάλλος δημοσιολόγος PALLIARES περιελθών τότε άπασαν την Μακεδονίαν και κατόπιν πολλών ενθουσιωδών περιγραφών δι' ων επεζήτει να κινήση πλέον την συμπάθειαν των Ευρωπαίων δια τας πρωτοφανείς αυτάς των βουλγάρων βαρβαρότητας λέγει. «Πρέπει να ανέλθη κανείς εις τας νύκτας τας πλέον σκοτεινάς της ιεράς εξετάσεως πρέπει κανείς να μεταβή έως την Κίναν δια να εύρη τοιαύτς ωμότητας» ή και αλλού. Οι κομιτατζήδες οργώνουν όλο το σώμα εκ δεξιών ρος τα αριστερά και εκ των κάτω προς τα άνω. Είναι ο χορός των εγχειριδίων. Το θύμα υπήρξε αληθής μάρτυς της Ελληνικής Ιδέας.

Εν τω ματαξύ η Μακεδονία υπό το βαρύ πέλμα του τυράννου, τον σίδηρον και το πύρ του Βουλγάρου κομιτατζή εστέναζε. Η Ελλάς ήρχησε να χάνη τον Ελληνισμόν της εν Μακεδονία, η οποία υπέκυπται προ των αφαντάστων πιέσεων. Διότι ο Ελληνισμός της υπαίθρου απροστάτευτος, ήτο εκτεθειμένος εις τας πρώτας ορμάς του κομιτατζή. Δεν υπήρχε δε και η σχετική μόρφωσις εθνικής συνειδήσεως του χωρικού ή και σχολεία κατάλληλα εις τα οποία θα εσφυρηλατείτο κάθε ιδέα. Δεν υπήρχε το έμψυχον υλικόν, αλλά και αν κάπου εφαίνετο, τότε ο σίδηρος και η κομιτατζηδική λαίλαψ το εξηφάνιζε.

Προ του σιδήρου και της βίας οι βούλγαροι δεν ελησμόμησαν να εκμεταλλευθούν την γλώσσαν ήτις ωμιλείτο τότε κατά το πλείστον εις την ύπαιθρον. Μία γλώσσαν κάθε άλλο παρά βουλγαρική ή Σερβική. Ένα συνονθύλευμα μάλλον Τουρκικών, Ελληνικών και αρκετών σλαυικών λέξεων. Ετόνιζον την συγγένειαν της γλώσσης των. Εις τους ταλαιπωρημένους π.χ. κολλήγους ήτοινες δεν εγνώρισαν μεγαλύτερον εφιάλτην εις την ζωήν των από τον Τούρκον Μπέη και Αγά δια τους οποίους εφ' όλης των της ζωής ειργάζοντο, έλεγον τέλειον λυτρωμόν, υποσχόμενοι απαλλοτρίωσιν των μεγάλων τσιφλικίων. Εκαυτηρίαζον την αθλιότητά των με τα μελανώτερα χρώματα και εκήρυσσον μιας συνεργασίας γενικής δια την γενικωτέραν κατά του Τούρκου δυνάστου εξέργεσιν. Ακόμη ο πονηρός βούλγαρος έδιδε υποσχέσεις τας οποίας ουδέποτε ηθέτει. Παρελάμβανε πολλούς νεαρούς βλαστούς των απλών χωρικών και τους παρέδιδε αργότερον ιατρούς δικηγόρους αξιωματικούς. Έτσι άλλως τε εδημιούργουν τους πυρήνες. Χιλιάδες νεαρών Μακεδόνων εστρατολογούντο, εμορφώνοντο και γλήγορα κατελάμβανον εντός ελαχίστου χρονικού διαστήματος τα μεγαλύτερα αξιώματα του Βουλγαρικού Κράτους και δη τα του στρατού. Οι τελευταίοι μάλιστα διετήρουν μια επαρκή επαφήν μετά των εν Μακεδονία συγγενών των, ους ποικιλοτρόπως εφανάτιζον να θυσιάζωνται πάντοτε υπέρ του Βουλγαρικού μεγαλείου. Ο εκ των πρώτων ιδρυτών του Βουλγαρικού κομιτάτου Γιαγκώφ συνταγματάρχης υπήρξε Μακεδών εκ των χωρίων της Καστορίας. Ο Τσακαλάρωφ, ο μετέπειτα διαβόητος αρχικομιτατζής, ο στρατηγός Μπογιατζίεφ, Πρωθυπουργός Λιάπτσεφ και χιλιάδες άλλοι οίτινες εδέχθησαν την ενίσχυσίν των εις την μόρφωσίν των υπό της Βουλγαρικής προπαγάνδας. Ευαγγέλιον επίσης των Βουλγάρων προπαγανδιστών ήτο το ότι δήθεν μαζί των συνέπραττεν η Μεγάλη και Αγία Ρωσσία. Ο χωρικός βεβαίως δεν ήτο εις θέσιν να γνωρίζη ως εκ της αγραμματωσύνης του τον κολοσσόν της Ρωσσικής αυτοκρατορίας. Από απόψεως όμως θρησκευτικής είχε δημιουργηθή ασυνειδήτως η ιδέα παρ' εκάστω χωρικώ μιάς μεγάλης δυνάμεως ήτις θεία δυνάμει μίαν ημέραν ήθελε απολυτρώσει αυτόν από τας βασάνους του Τούρκου Αγά. Εις το όνομα της Ρωσσίας εσταυροκοπείτο ως να επρόκειτο περί Αγίου Τόπου.

Πρώται Ελληνικαί Προσπάθειαι. Ήτο πολύ δύσκολον το έργον των Μακεδόνων Ελλήνων, έμπροσθεν των οποίων διηνοίγετο πολυμέτοπος αγών άνευ τινός συνδρομής. Πλησίον των Βουλγάρων προπαγανδιστών έδρον οι Σέρβοι, Αρβανίται, αλλά και οι παμπόνηροι εκείνοι Ρουμάνοι που εσκόρπιζαν αφθονότατα το χρυσίον των. Εμάχοντο άνισον αγώνα διότι εις επίμετρον ήρχετο έμπροσθέν των και μία ταπεινωμένη του 1897 Ελλάς, της οποίας ακόμη οι Κυβερνείται δεν ήθελον να γνωρίσωσι Ελλάδα πέραν της Μελούνας, αλλ' Ελλάδα των αναγνωστικών βιβλίων.

Παρ' όλα όμως ταύτα οι Έλληνες Μακεδόνες εκινήθησαν και εσχημάτισαν σώματα ανταρτικά προς αντιπερισπασμόν των κομιτατζιδηκών ορδών, τα οποία επέπρωτο δια τους βουλγάρους να ορθωθούν ως Σινικόν τείχος εις τους καταχθονίους σκοπούς των. Ο Έλλην αντάρτης, ολίγον αργά ίσως, εστάθει όμως ο εκδικητής και φρουρός του καταρρέοντος ήδη εκ των πιέσεων Ελληνισμού.

Μόνον τότε οι βούλγαροι αντιληφθέντες ότι έχανον το παιχνίδι των εφρόντισαν να γίνουν φίλοι των Ελλήνων. Οι αφελείς χωρικοί και Μακεδόνες αρχηγοί των σωμάτων εξ αγαθού συνειδότος επίστευσαν προς στιγμήν εις την ιερότητα του σκοπού της τοιαύτης συμπράξεως, όστις συνίστατο εις το να δημιουργήσωσι πράγματα εις την τόσον ποικίλην σύστασιν της Οθωμανικής Αυτοκρατορίας, ώστε να υποχρεωθή αύτη να παραχωρήση εις τους Χριστιανούς της Μακεδονίας ποιάν τινα μεταβολήν και μεταρρύθμισιν και να ζήσουν ελευθέρως αι Χριστιανικαί της Μακεδονίας Κοινότητες, εάν μοι ποιάν τινα αυτονομίαν. Πρώτοι ποσεχώρησαν Κώττας, Ζώης κ.α. Δια την ιστορίαν του Μακεδονικού αγώνος ας σημειωθή ότι ο καπετάν Βαγγέλης και Κώττας υπήρξαν οι πρώτοι Μακεδόνες Έλληνες οπλαρχηγοί οίτινες εκήρυξαν εξοντωτικόν πόλεμον κατά των Βουλγάρων αργότερον. Διότι ο Κώττας αντιληφθείς τα πονηρά των βουλγάρων σχέδια απεσίσθη αμέσως της συμμορίας Τσακαλάρωφ μεθ' ης είχε εννωθεί και παραλαβών τριάκοντα παλληκάρια ετάχθει αντιμέτωπος και αμείλικτος τιμωρός εκείνων οίτινες τον εξηπάτησαν.

Ψευτεπανάστασις του 1903. Όταν μίαν των ημερών του Ιουλίου του 1903 ενόμισαν ότι ήτο καιρός πλέον, επανεστάστησαν. Η ημέρα αύτη του προφήτου Ηλία ωνομάσθη εθνική δια την Βουλγαρίαν. Ευρέθησαν όμως τελείως μόνοι διότι οι Έλληνες αντιληφθέντες εγκαίρως τα σχέδια των βουλγάρων απεχώρησαν. Ως ήτο επόμενον η επανάστασις ήτις όλως επιπολαίως παρασκευάσθη, απέτυχεν οικτρώς. Ταύτην δε δυστυχώς ηκολούθησαν μεγάλαι καταστροφαί εκ μέρους των Τούρκων κατά του Χριστιανικού στοιχείου. Επυρπολήθη τότε το Ελληνικώτατο Κρούσοβο όπου οι βούλγαροι επικρατήσαντες προς στιγμήν ανεπέτασαν την βουλγαρικήν σημαίαν και προέβησαν εις προγραφάς εναντίων των Τούρκων, πολλούς των οποίων εφόνευσαν. Εις το Κρούσοβο εφάνη και το πρώτο ... κανόνι των επαναστατών κομιτατζήδων οι οποίοι δια να εξαπατήσουν τον λαόν ότι άριστα εφέρετο οργανωμένη η επανάστασις έστησαν ολίγον μακράν του Κρουσόβου έναν κοίλον κορμόν κερασέας.

Αλλά και πολλά άλλα χωριά υπέστησαν την τρομεράν εκδίκησιν των Βασιβουζούκιδων τούρκων οίτινες εστέλοντο προς κατάπνιξιν του κινήματος. Ήτο το Αρμέντσκο της Φλωρίνης και πολλά χωριά των Κορεστίων και της Πρέσπας. Εις την αποτυχίαν των ταύτην οι Βούλγαροι δεν ελησμόνησαν ότι έπρεπε να εκδικηθώσιν το Ελληνικό στοιχείο επιζητήσαντες προς τούτοις να δωροδοκήσουν Τούρκους αποσπασματάρχας, τονίζοντας αυτοίς ότι μαζί των έλαβον ενεργόν μέρος και οι Έλληνες. Εις τούτους, ή εις τα αιμοβόρα άγριά του ένστικτα υπείκων ο άγριος εκείνος Μουχτάρ Πασάς παρέδωσε το Κρούσοβον επί τριήμερον εις το πυρ και την μανίαν των Βασιβουζούκιδών του και ο οποίος θα κατέσφαζε όλους τους Κρουσοβίτας τους οποίους νήστεις και γυμνούς εκράτει εις το δάσος του Κρουσόβου, εάν δεν κατέφθανε εσπευσμένη διαταγή του Βαλή Μαναστηρίου προκληθείσα υπό των Ελλήνων Μοναστηρίου να καταπαύση τας λεηλασίας και αποχορήση του Κρουσόβου.

Εθνική Άμυνα. Έκτοτε, μετά την επανάστασιν ταύτην ήρχισε εντατικώτατος ο αγών μεταξύ Ελλήνων και Βουλγάρων. Οι Έλληνες έχοντες υπ' όψει των την ασυμπαθή στάσιν κατά το πλείστον των Τουρκικών αρχών και την αδιαφορίαν και αναλγησίαν της Ευρώπης έναντι τόσον των βουλγαρικών βαρβαροτήτων, του αφθόνου ρέοντος αίματος, των μυρίων μαρτυριών και πιέσεων προς το Ελληνικόν χριστιανικόν στοιχείον και την γενικήν τάσιν των κομιτατζηδικών ορδών προς εκβουλγαρισμόν του παντός, εδημιούργησαν τα πρώτα ανταρτικά σώματα. Το σύνθημα έδωσαν οι Έλληνες Μοναστηρίου δια την ένοπλον αντίδρασιν κατά των βουλγαρικών τούτων φρικαλεοτήτων. Οι βούλγαροι των οποίων οπωσδήποτε πρόγραμμα ήτο η επικράτησις, εστρέφοντο εναντίον κυρίως των Ελλήνων εις τους οποίους εδημιούργουν πράγματα κάθε τόσο δια των ειδικών μέσων, δολοφονιών κ.λ.π. Ευτυχώς ο αυθόρμυτος ενθουσιασμός των Ελλήνων Μοναστηριωτών ανεχαίτισε τους βουλγάρους. Διότι ήρχισε κάποια προσπάθεια την οποίαν ενίσχυσε η μεγάλη φυσιογνωμία του Ίωνος Δραγούμη. Ο νεαρός και ανήσυχος εκείνος οραματιστής κατόπιν μιας μικράς περιοδείας ανά τα χωρία της περιφερείας Μοναστηρίου επείσθη ότι ήτο δυνατή μία ένοπλος δράσις. Ο Ίων φλογερός πατριώτης εσπαράσσετο κυριολεκτικώς δι' ένα ξύπνημα του κέντρου.

Έγραφε δεξιά, αριστερά, επιστολάς και άρθρα προς τους ιδικούς του, τον πατέρα του, τον Μελά, τον μεγάλον Ζωρές, εις Ευρωπαϊκάς εφημερίδας τονίζων την ανάγκη της επεμβάσεως των

Μ. Δυνάμεων. Ο Ίων υπήρξε ο μόνος παρά το νεαρόν της ηλικίας του από την ολιγαρχίαν τότε που εκυβέρνα την Ελλάδα, επρόσεξε τον κίνδυνον που διέτρεχε ο Ελληνισμός της Μακεδονίας. Έβλεπε ότι μίαν ημέραν (δεν θα ηδύνατο) δεν θα εδικαιούτο η μικρή Ελλάς ούτε σπιθαμή γής εις την Μακεδονίαν, ο Ελληνισμός της οποίας ήδη κατέρρεε προ των μέσων των βουλγάρων.

«Να ζωντανέψουμε και ν' αρχίσουμε να σκεπτόμαστε τους Έλληνες της Μακεδονίας και Θράκης οι οποίοι φεύγουν από τα χέρια της Ελλάδος», έλεγε. Αλλού πάλιν, «Πρέπει να κάμουμε κι' εμείς συμμορίας, αλλοιώς δεν θα σωθούμε. Ξεύρω ότι είναι επικίνδυνον, ξεύρω πως μια τέτοια ενέργεια θα φέρη μια ώρα αρχίτερα την λύση του ζητήματος, θα δικαιώση τους Σλαύους που λεν στους Φράγκους πως δεν μπορεί να ζήση κανείς στη Τουρκιά». Και κάπου αλλού, ύστερα από μακρινή πολύ σπουδαία περιοδεία που έκαμε μαζί με τον πρόκριτο ιατρό Μοναστηρίου Κάλλη εις τα γύρωθεν του Μοναστηρίου χωριά Αχρίδα, Ρέσνα, Κορυτσά, Βίγλιστα, Καστοριά κ.α. «Πείστηκα στα λόγια πια. Η Μακεδονία πια είναι στα χέρια των Βουλγάρων γιατί αυτοί φάνηκαν πιο δυνατοί από μας, μα πείστηκα ακόμα πως μπορούμε την Μακεδονία να την πάρουμε μεις από τα χέρια των βουλγάρων γιατί είναι Ελληνική. Μα για να την πάρουμε πρέπει να γίνουμε και μεις δυνατοί. Ας πάψουμε πια να είμαστε μάρτυρες και ας γίνουμε ήρωες. Χρειάζονται κορμιά ηρώων και αφού υπάρχουν, όπως βλέπω στο Μοναστήρι, ας αρχίσουμε να τα μαζεύουμε. Όσο για κει κάτω στην Αθήνα, κι' αυτούς θα τους συγκινήσουμε.

Ο ενθουσιασμός αυτός του Δραγούμη συγκινούσε βαθύτατα τους Μοναστηριώτας, οίτινες πρώτοι ενίσχυσαν την ιδέαν του ενόπλου αγώνος κατά των κομιτατζήδων. Έγινε τότε τη υποδείξει του Δραγούμη επιτροπή εκ των πλέον εμπίστων πολιτών Μοναστηρίου του Αργυρίου Ζάχου, Θεοδώρου Μόδη και Φιλίππου Καπετανοπούλου οι οποίοι απετέλεσαν τον πρώτον πυρήνα της Φιλικής Μακεδονικής Αμύνης. Και με το ποσόν το οποίον πρώτοι αυτοί εξεύρον διωργάνωσαν το πρώτο ανταρτικό σώμα που θ' αντιτάσσετο αντιμέτωπο κατέναντι των Βουλγαρικών θηριωδιών.

Έτσι αρχίζει η πρώτη ένοπλος δράσις του Μακεδονικού αγώνος εκ μέρους των Ελλήνων Μακεδόνων που είχον αποκλειστικώς ιδική των πρωτοβουλία. Ο πρώτος συνταχθείς κανονισμός της τριανδρίας ταύτης συνετάχθη παρά του Δραγούμη συνεργασία των τριών ανωτέρω Μοναστηριωτών. Αποσπάσματά τινα είχον ούτω.

Σκοπός: Συνασπισμός των Ελληνικών Κοινοτήτων. Εθνική υπεράσπισις. Αλληλεγγύη.

Έμπιστοι: Μυούνται εκασταχού άνθρωποι έχοντες ισχύν εν τω τόπω και ποδηγετούντες τους άλλους, διδασκάλους, ιερείς κοτσαμπάσηδες. Η μύησις γίνεται υφ' ενός εμπίστου, όστις δεν λέγει που ευρίσκεται το κέντρον της Εταιρείας, ούτε τίνες οι εταίροι, ούτε τις εμύησε αυτόν. Λέγει δε μόνον ότι σκοπός εκάστου είναι η υπεράσπισις δια της από κοινού υπερασπίσεως και ότι εν ανάγκη υπάρχει βοήθεια προερχομένη εξ Ελληνικής πηγής. Λέγει δε το σύνθημα, ορκίζεται δια τον μυηθέντα εις το ιερόν αυτού Ευαγγέλιον δια των λέξεων: «Ορκίζομαι να κρατήσω μυστικήν την άμυναν».

Ελάχιστοι δέον να είναι οι μυούμενοι εν εκάστω χωρίω εις μέχρι τριών, οίτινες θα γνωρίζονται μεταξύ των. Έκαστον χωρίον ένα μόνον γνωρίζει ανώτερον κέντρον. Το κέντρον εξ ου ήλθεν ο έμπιστος ο μυήσας αυτόν. Αν δεν υπάρχει άξιος μυήσεως έν τινι χωρίω ουδείς μυείται. Ο μυήσας χωρίον έχει υποχρέωσιν επιτηρήσεως αυτού. Η οργάνωσις αύτη πρώτη διωργάνωσε επισήμως το πρώτο ανταρτικό σώμα με τον Καπετανόπουλο. Αργότερον ενισχύθη η Μακεδονική Άμυνα με τους Καραβαγγέλη κα Κώττα αρχηγούς σωμάτων άτινα έδρων άνευ όμως σχετικού συνδέσμου με το κέντρον.

Κατόπιν προσετέθη το σώμα υπό τον Π. Μελά, το οποίο έδιδε το πρώτο σύνθημα του εκείθεν της Μελούνας εγερτηρίου. Τούτον ακολούθησαν πολλά άλλα. Ο Π. Μελάς είχε περιέλθει προ πολλού την Μακεδονίαν και διεπίστωσεν τόσον ότι είναι δυαντόν να δράσωσιν εις την Μακεδονίαν τα Ελληνικά σώματα, όσον και διότι εθεώρησε απαραίτητον και ζήτημα πλέον τιμής δια τους Έλληνας του ελευθέρου Βασιλείου. Ακόμη και ζήτημα υπάρξεως ελληνισμού. Ήτο τόσον ιερός ο φανατισμός του, ώστε να θεωρή όνειρόν του την δράσιν του εναντίον εκείνων οι οποίοι κατέστρεφον παν το Ελληνικόν. Όλοι οι εν Αθήναις φυγάδες Μακεδόνες και άλλοι πολλοί κατά την έξοδον του Π. Μελά των ελληνικών συνόρων έσπευδον με χαρά και αγαλίασιν να χαιρετήσουν την ωραίαν χειρονομίαν του ηρωικού εκείνου υπολοχαγού του πυροβολικού και να τάσσωνται παρά το πλευρόν του. Με την άφιξιν του Μελά εις την Μακεδονίαν έπνευσε μαζί ο σωτήριος εκείνος αέρας που έδωσε την μεγαλυτέραν παρηγορίαν και ενίσχυσιν δια τους αγωνιζομένους ήδη Μακεδόνας. Όλοι εκείνοι οίτινες αντιμετώπιζαν μόνοι των την βουλγαρικήν λαίλαπα ανέπνευσαν και αι ελπίδαι των ανεπτερώθησαν. Επέπιπτε η δύναμις, η ενίσχυσις, η εκδίκησις. Έκτοτε και ο αγών εντείνεται αλλά και η απειλή κατά της ζωής του Μακεδόνος χωρικού ή αστού αιωρείται από στιγμής εις στιγμήν. Ο αστός εξερχόμενος της οικίας του δεν εγνώριζε αν το βράδυ κουρασμένος θα εύρισκε την αγκάλην της συζύγου του και των παιδιών του. Ο χωρικός εξερχόμενος της καλύβης του με το αλέτρι προς το χωράφι του ήτο πάντα αβέβαιος εάν το βράδυ θα ξεκούραζε το κουρασμένο του κορμί εις την φτωχή του καλύβη. Τα πάντα διείπε μία αβεβαιότης παρ' όλην την έντασιν του αγώνος. Αι σφαίραι των όπλων ή αι μάχαιραι των κομιτατζήδων επέπιπτον πανταχόθεν. Εξοντωτικός αγών εκηρύσσετο μεταξύ των δύο μερίδων. Ο πρόωρος θάνατος του Π. Μελά και το πολύτιμο αίμα του απέβη πολύ γόνιμο δια το δένδρον της ελληνικής ελευθερίας. Διότι αργότερον εγένετο ο Μελάς το σύμβολον των Μακεδόνων αγωνιστών. Χιλιάδες πλέον Ελλήνων πρόθυμα κατετάσσοντο εις τα ανταρτικά σώματα. Η Ελληνική Άμυνα ήτις αργά ήρχετο ηυτύχησε να σώση ό,τι επί μίαν δεκαετίαν σχεδόν ηθέλησε να αγνοήση η Ελληνική Κυβέρνησις. Έκτοτε επληθύνθησαν τα σώματα εκατέρωθεν. Ο αγών επροχώρησε εν όλη του τη αγριότητι, ώστε να κυριαρχούν εις την ύπεθρον πότε οι μεν και πότε οι δε. Οι βούλγαροι επεδίωκον να τους αισθανθούν οι χωρικοί και δι' αυτό όταν επέπιπτον εις χωρίον ανήκων εις την Ορθοδοξίαν και δεν το κατώρθωνον δια των λόγων να το μεταπείσουν εις το ν' αποσκηρτήση προς την Βουλγαρικήν Εξαρχίαν εφήρμοζαν κατά το ολιγόχρονον διάστημα της παραμονής των, ιδίους νόμους. Υπεχρέωνον τους δυστυχείς χωρικούς εις κεφαλικούς φόρους, οίτινες αυτοστιγμείς κατεβάλλοντο εις χρυσόν εγκαταλείποντες κατόπιν το χωρίον εις τας φλόγας.

Τα καταρτισθέντα ανταρτικά σώματα απετελέσθησαν από εντοπίους Μακεδόνας και πολλούς εκ Παλαιάς Ελλάδος νέους, των οποίων μόλις αι πρώται παραγναθίδες ανεφαίνοντο. Ούτοι εχύνοντο ανά τα Μακεδονικά βουνά ζητούντες εκδίκησιν δια το αθώο αίμα που έχυναν οι κομιτατζήδες εις τους δρόμους των πόλεων και των χωρίων της Μακεδονίας. Και η Μακεδονία τότε έδιδε την όψιν αναρχουμένης πολιτείας. Οι κομιτατζήδες εισέβαλλον καθ' εκάστην εις τα Ελληνικά χωρία και έσφαζον ανηλεώς γυναίκας, παιδιά, διδασκάλους, ιερείς. Αναφέρουν ότι εν Μοναστηρίω εις μίαν ημέραν έλαβον χώρα πέντε (5) δολοφονίαι εις ένα των κεντρικωτάτων δρόμων αυτού έμπροσθεν των Τούρκων Ζαπτιέδων. Τα πάθη εις μέγιστον βαθμόν εξήφθησαν. Αγών πλέον υπάρξεως ετίθετο μεταξύ Ελλήνων και Βουλγάρων. Δια του πυρός και του σιδήρου οι Βούλγαροι αποκτούν αναγκαστικώς αν όχι φίλους, ανθρώπους όμως οίτινες πανικόβλητοι δια τούτον ή εκείνον τον λόγον εβοήθουν αυτούς εις το καταστρεπτικόν εναντίον των Ελλήνων έργον των. Γενικώς άπασαι οι προπαγάνδαι Ελληνική, Βουλγαρική, Ρουμανική, Αλβανική ωργίαζον καταβάλλουσαι απεγνωσμένας προσπαθείας προς επικράτησιν. Και το χρυσίον των προπαγανδιστών ήτο αδύνατον να συγκρατήση τας συνειδήσεις των πολλών, αίτινες επωλούντο εκ περιτροπής εις τους διαφόρους προπαγανδιστάς. Ευρέθησαν πάρα πολλοί οι αργυρώνητοι. Τούτου ένεκεν εντός ολίγου η Μακεδονία παρουσιάζετο ως μία Βαβέλ ως προς τας συνειδήσεις του λαού της.

Το Μακεδονικόν ζήτημα όπερ εγεννάτο εις την τρομακτικήν αυτήν ατμοσφαίραν του ανταγωνισμού εκίνησε κατ' αρχάς την συμπάθειαν δυστυχώς ελα'χιστων Ευρωπαίων όπως του διαπρεπούς Γάλλου M. Paillarès, Ιταλού G. Virgilii κ.α.

Ο πρώτος κατόπιν διεξονυχιστικής ερεύνης ανά το εσωτερικόν της Μακεδονίας μεταξύ πολλών άλλων λέγει, εις το έργον του L'imbroglio macédonien: «Άμα εκλείψη η τρομοκρατία των κομιτατζήδων οι εντόποιοι μετά νοσταλγίας θα επέστρεφον εις τας παλαιάς των Ελληνικάς παραδώσεις.»

Ο δεύτερος εις το έργον του «Ρουμελιωτικόν Ζήτημα» λέγει: «Από εδαφικής απόψεως εξεταζομένης όλης της Ευρωπαϊκής Τουρκίας, μεταξύ των Χριστιανών οι Έλληνες επικρατούσιν εν Ηπείρω, τοις βιλαετίοις Μοναστηρίου, Θεσσαλονίκης, Θράκης. Οι Σέρβοι υπερέχουν εν τω βιλαετίω Κοσυφοπεδίου, οι δε βούλγαροι εις τας βορεινάς επαρχίας της Μακεδονίας ιδία της ανατολικής. Ως προς τους Ρουμανίζοντας, ούτοι (ους δέον να μη συγχίσωμεν με τους κουτσοβλάχους) είναι παρά τας υπερόγκους θυσίας ελάχιστοι.»

Μεταρυθμήσεις Μυρστέγης. Ευτυχώς όχι αργότερον συνεκινήθη και η επίσημος Ευρώπη, ήτις και μεσολαβεί. Αι Μ. Δυνάμεις Αυστρουγγαρία και Ρωσσία δια των Αυτοκρατόρων εν Μυρστέγη αποφασίζουσι να υποβάλλωσι σχέδιον νέον παρά τη Υ. Πύλη δια του οποίου εγκαθιδρύεται έλεγχος παρά τω Γεν. Διοικητή εν Θεσσαλονίκη Χιλμή Πασά! Εν κυρίαις γραμμαίς το μετέπειτα εφαρμοσθέν πρόγραμμα απέβλεψεν εις τα εξής: Εις διάφορα της Μακεδονίς βιλαέτια, όπως εις το Σαντζάκιον Μοναστηρίου, Θεσσαλονίκης, Σκοπίων κ.λ.π. ετοποθετούντο αξιωματικοί των ξένων δυνάμεων παρά ταις υπηρεσίαις της Οθωμανικής Αυτοκρατωρίας και δη εις τας χωροφυλακής. Αι μεταρυθμήσεις αύται έλαβον το όνομα της Μυρστέγης όπου κατ' αρχήν συνελήφθη το σχέδιον αυτών. Πολύ ενωρίς όμως και αύται εναυάγισαν. Διότι οι ξένοι όπως και μερικαί εκατοντάδες Χριστιανών χωροφυλάκων υπόπτου πάντοτε προελεύσεως δεν ήτο δυνατόν να γαληνεύσωσιν την ηλεκρισμένην ατομσφαίραν της Μακεδονίας. Άλλως τε μερικαί συμπάθειαι εκ μέρους των Ρώσσων και Άγγλων οι οποίοι πολλάκις εφωράθησαν ερωτοτροπούντες μετά των κομιτατζήδων διετράνωσαν ότι και αι μεταρρυθμίσεις αύται επέπρωτο ν' αποτύχουν, όπως και απέτυχον. Αλλά και διότι η ασφάλεια και η ελευθερία των Μακεδόνων δεν εμπεδώδη.

Ο Μακεδονικός αγών δια τον Ελληνισμόν υπήρηξε αφορμή της πραγματοποιήσεως των μεγάλων ονείρων. Αυτός προπαρασκεύασε καταλλήλως το έδαφος δια την ωραίαν εκείνην προέλασιν του Ελληνικού στρατού του 1912 εν Μακεδονία, όπου δια πρώτην φοράν έπνεε η ζείδωρος αύρα της Ελληνικής ελευθερίας. Ο Μακεδονικός αγών έδωσε εις την Ελλάδα το δικαίωμα να επικαλήται εις τα διάφορα Συνέδρια τον Ελληνισμόν της Μακεδονίας.

Γ. Θεοδώρου Μόδης
ca. 1930

Η Ελληνική Παιδεία κι' ο Ελληνισμός της Νοτίου Σερβίας

Παλαιότερα, τους χρόνους της Τουρκιάς, η Ελληνική παιδεία ήταν μια τεράστια δύναμη. Καθώς θα πληροφορηθούμε παρακάτου εμόρφωνε κι' ενέπνεε όχι μονάχα τους Έλληνες αλλά και όλον τον ξένο κόσμο ο οποίος για ν' αναπτύξει την στάθμη της ζωής του ζητούσε να στηριχτεί στα ελληνικά γράμματα. Τον δέκατο όγδοο και δέκατο ένατο αιώνα ήσαν τα μοναδικά μέσα για την μόρφωση όχι μόνο του κόσμου που κατοικούσε την Μακεδονία ολόκληρο τότε, αλλά και όλων των σλάβων που κατοικούσαν βορειότερα της Μακεδονίας. Το Ελληνικό πνεύμα και η Ελληνική παιδεία κυριαρχούσαν ανάμεσα στις μάζες που ήθελαν να μορφωθούν. Τα Ελληνικά γράμματα, το ελληνικό ευαγγέλιο, τα ελληνικά πατριαρχεία ήσαν τα ισχυρότερα στηρίγματα τότε του Χριστιανικού κόσμου που έκαμνε την πιο σκληρή αντίσταση ενάντια στο Τούρκο τύραννο.

Εδώ δεν πρόκειται να μιλήσω για το πρώτο στα Βαλκάνια ελληνικό τυπογραφείο της Μοσχόπολης, ούτε να αναγράψω τον αριθμό των σχολείων με τις χιλιάδες μαθητές του Μοναστηρίου, της Κορυτσάς, του Μελενίκου, της Στρώμνιτσας, των Σκοπίων διότι αυτά είναι γνωστά πολύ και για τον πιο νέο άνθρωπο της εποχής μας. Μια ματιά στα τεράστια κι' επιβλητικά ελληνικά κτίσματα των σχολείων του Μοναστηρίου είναι εύκολο να μας εξηγήσει τον όγκο των ελληνικών μαθητών που ήταν τότε περισσότεροι σε αναλογία από κάθε ελεύθερη πόλη του ελληνικού Βασιλείου σε αναλογία πληθυσμού. Ούτε να παραθέσω λεπτομέρειες του ελληνικού τυπογραφείου της Μοσχόπολης που τυπώθηκαν οι περισσότεροι αρχαίοι συγγραφείς και τα παράνομα της εποχής εκείνης εθνικά εγερτήρια στους προεπαναστατικούς κι' ύστερα χρόνους, αλλά για την επίδραση, θα μιλήσω της ελληνικής παιδείας σε μέρη που οι τωρινοί έλληνες ούτε καν τα φανταστήκαμε.

Αχρίδα! Ιστίπ! Πριστίνα! Νις! Βελεσσά!

Εις τις περιοχές αυτές ομολογείται από τους ιδίους τους Σέρβους ότι ήκμαζε ένας εξαιρετικός ελληνισμός. Ποιος μπορούσε να φαντασθεί ότι εκεί πέρα στην καρδιά του λεγομένου σήμερα σλαβομακεδονικού κράτους που περιτοιχίζεται από λαό μεταβαλλόμενο την μια μέρα σε Σέρβο, την άλλη σε Βούλγαρο και την πιο άλλη σε σλαβομακεδόνα, οι προπάτορές τους με υπερ-ηφάνεια εμάνθαναν και έγραφαν ελληνικά και θεωρούσαν πολύ μεγάλη ευτυχία να μορφώνωνται ελληνικά. Χωρίς να υποστηρίξ-ουμε την ελληνικότητα της Μακεδονίας με απαρίθμηση σχολείων, ή αναζήτησι της αλήθειας στα μάρμαρα και τις αρχαιότητες, χωρίς να κάνουμε μεγάλους περιπάτους εις τους Στόβους κοντά στα Σκόπια, το Νις, ή την Ηράκλεια κοντά στο Μοναστήρι όπου σιωπηλές κι' επιβλητικές οι αρχαιότητες μιλούν ευγλωγότερα από κάθε άλλη δικαιολογία, χωρίς να υποδείξουμε ποιες οι πολυπληθέστερες και μεγαλοπρεπέστερες εκκλησίες της Μακεδονίας, θα προχωρήσω στην εξιστόρησι τούτη μη έχοντας σκοπό να καλλιεργήσω εθνικιστικό φανατισμό και μίσος, ούτε να κάμω πρόκληση ή πόλεμο στους ανθρώπους που μας πήραν τα μέρη εκείνα και μας τα παραμόρφωσαν με βάρβαρη βία για την αγριά τους επικράτηση. Δεν έχει την έννοια του φανατισμού και της διαιώνισης του μίσους προς τους γείτονές μας με τους οποίους μια σύντομη μέρα πρέπει αρμονικά να ζήσουμε, παραβλέποντας τις ιστορικές μας απαιτήσεις. Μα σαν άρχισα να γράφω, θα πρέπει να θεωρηθεί πως τόκαμα όχι τόσο για τους γείτονές μας, όσο για μας τους Έλληνες. Ήταν ιστορική ανάγκη να γνωστούν αυτά για μας περισσότερο που χάσαμε τόσο πλούσια ομορφιά της ελληνικής ζωντάνιας και τόσο πλούτο των παληών μας. Ο περίπατος που θα κάνουμε με την βοήθεια του ξένου επιφανή Σέρβου ιστορικού γύρω από τις περιοχές της Μακεδονίας των βουλγαροσέρβων των Σκοπίων θα πρέπει να μας προσγειώσει και να μας φέρει σε κάποια θεογνωσία, ώστε να ευχηθούμε ότι η απώλεια αυτή του ελληνισμού θα είναι το τελευταίο λείψανο των εθνικών μας απωλειών.

Αφορμή για το σημείωμα τούτο είναι το σλαβικό βιβλίο Σέρβου ιστορικού, του Δρος Γιοβ. Χατζηβασίλεβιτς που κυκλοφόρησε στα 1927 από τον εκδοτικό οίκο Αγίου Σάββα με τον τίτλο «Εκπαιδευτικοί και πολιτικοί συνθήκαι εις τας νοτίους περιοχάς κατά τον δέκατο αιώνα μέχρι των σερβοτουρκικών πολέμων 1876-78.» Απ' το βιβλίο αυτό παραθέτω μερικά χαρακτηριστικά σημεία που ενδιαφέρουν το σημείωμα τούτο.

3ον Βιβλίον. Σελ. 124. **Περιοχή Βιτωλίων.** «Ο ελληνισμός του 1800 εις την Αχρίδα και μερικάς πόλεις του νότου είχε πρωτεύουσα θέση, ακόμη όμως πιο πολύ εις τα Βιτώλια. Εκεί υπήρχαν σχολεία που προκαλούσαν την εξαιρετική προσοχή και των ξένων (La Turquie d'Europe III σελ. 521 του Γάλλου συγγραφέα Ami Boué). Η παρατήρηση του Α. Βουέ ότι εις τα Βιτώλια ήσαν πολλά σχολεία αφορά μάλλον τα Ελληνικά.»

Σελ. 127. **Περιοχή Αχρίδας.** «Εις την διατήρησιν και διείσδυσι της ιδικής μας παιδείας γενικά στις νότιες πόλεις μας μέγα εμπόδιο έφεραν τα υφιστάμενα δυνατά ελληνικά σχολεία κατά τον δέκατο έννατο αιώνα. Η Αχρίδα είναι το περισσότερο ενδιαφέρον μέρος. Αρκεί ν' αναφέρουμε ότι μέχρι τα 1800, πενήντα χρόνια μέσα στην Αχρίδα από τα χριστιανικά στοιχεία υπήρχε μόνο Ελληνικό σχολείο. Ο ίδιος ο Δημήτρης Μιλαντίνωφ μέχρι τα 1850 παρέδιδε εις Αχρίδα από τα Ελληνικά βιβλία. Όταν ο Ρώσσος επιστήμονας Β. Γρηγόροβιτς ήταν εις την Αχρίδα στα 1845 δε μπόρεσε να συναντήσει και ένα άνθρωπο που να διαβάζει σλαβικά. Εκείνος που γνώριζε ανάγνωσι διάβαζε μόνον ελληνικά. Όλα αυτά μέχρι τα 1850 εις την Αχρίδα, της οποίας η ελληνική σχολή ήταν φημισμένη. Έως τότε κανείς άλλος, ούτε στο εξωτερικό μάθαινε τη σλαβική γλώσσα.»

Σελ. 139. **Περιοχή Πρισρένης.** «Στην εποχή του Μητροπολίτη Ιγνατίου εις την Πρισρένη όλοι εγνώριζαν ελληνικά και επιθυμούσαν να μάθουν τα ελληνικά την εποχή εκείνη και μερικοί Σέρβοι της Πρισρένης. Τα χρόνια 1849 και 1850 δάσκαλοι των ελληνικών σχολείων ήταν κάποιος Σωτήριος Φιλίππου και Λάζαρος Ναούμ από τα Γιάννενα.»

Σελ. 142. **Περιοχή Πριστίνης.** «Μητροπολίτης Έλληνας μέχρι τα 1800.»

Σελ. 43. **Περιοχή Νις.** «Εις το Νις μέχρι τα 1800 υπήρχαν ελληνικά σχολεία. Μονάχα ύστερα από τα 1800 εις τα σλαβικά σχολεία παρέδιδαν και σλαβικά. Μητροπολίτης του Νις ήταν ένας Γρηγόριος γεννημένος εις Νόζνιτσα του Τυρνόβου.»

Σελ. 83. **Περιοχή Ιστίπ.** «Στα 1800 ο έλληνας Δεσπότης έφερε στο Ιστίπ δύο δασκάλους Έλληνες.»

Σελ. 87. **Περιοχή Βελεσσών.** «Όπως έγραψαν και βούλγαροι συγγραφείς στις αρχές του δεκάτου ενάτου αιώνα στα Βελεσσά υπήρχαν ελληνικά σχολεία στα οποία εφοίτησε μάλιστα ο Νεόφυτος του Ρίλου το έτος 1855 και τα οποία ήσαν αντάξια με τα σχολεία του Μελενίκου όπου δίδασκε ένας φημισμένος δάσκαλος έλληνας.»

Αυτά είναι μερικά μικρά αποσπάσματα απ' το βιβλίο του Σέρβου ιστορικού, τα οποία τόσο επιγραμματικά μιλούνε για ένα κόσμο που χάσαμε, χωρίς καμιά ελπίδα να ξαναγυρίσει. Δε ξεύρω αν αυτές θα είναι όλες οι φθορές του Ελληνισμού τώρα που ο ογκόλιθος του Βορρά άρχισε να μετακινείται τόσο συνταρακτικά προς το Νότο...

Η Ελλάδα πρέπει να ζήσει.

Θεσσαλονίκη, Οκτώβρης 1947   ΓΕΩΡ. Θ. ΜΟΔΗΣ

II – ΚΡΑΤΟΣ ΚΑΙ ΜΑΚΕΔΟΝΙΑ

Κράτος και Μακεδονία

Δυστυχώς από της εποχής αφ' ης έπνευσε ο πρώτος άνεμος της ελευθερίας στην πολύπαθη χώρα αυτή δεν ένοιωσε αληθινά αυτό που ονειρεύτηκε. Οι Μακεδόνες λίγο πολύ αγωνίστηκαν για την ελευθερία τους τούτη με ιερή συγκίνησι και μοναδική δια τα ιστορικά χρονικά αυταπάρνησι.

Πλην όμως το κράτος, το κράτος που ασχολήθηκε με τόσα και τόσα πράγματα, δεν ηυδόκησε ν' ασχοληθή με την Μακεδονίαν. Δεν ηθέλησε καν να την προσέξη. Όχι διότι οι Μακεδόνες ήσαν τα παιδιά της Ελλάδος που άπλωνε την αλουργίδα της ως το Μοναστήρι και τις βουνοκορφές του Μπέλες, αλλά γενικά διότι στη Μακεδονία εύρε μία πάστα την διαμόρφωσι της οποίας ώφειλε να λάβη με εξαιρετικήν μαεστρίαν και κατάλληλα μέτρα. Γιατί ο Μακεδόνας που ξυπνούσε 100 χρόνια αργότερα από τον ελευθερωτή —το κράτος,— είχε ανάγκη στοργής, περιθάλψεως, παρηγοριάς. Μέσα στην αντάρα του φοβερού εκείνου σπαραγμού, στην τραχύτητα του εξοντωτικού Μακεδονικού αγώνος κατατσακισμένος, εξαντλημένος ο Μακεδόνας μόλις κατώρθωνε ν' ατενίση υψηλά δια να ευχαριστήση τον Ύψιστον για την μεγάλη Χαρά, το όνειρο που έπαιρνε σάρκα και οστά.

Πολύ γλήγορα όμως ο Μακεδόνας χωρικός και πολίτης, διανοούμενος και μη έσφιγγε την καρδιά του και διερωτάτο, «Και οι αιματοχυσίες; Οι κόποι; Οι αγώνες μας; Η Ελλάδα;» Ένα πνεύμα πεσιμισμού και απογοητεύσεως κατέλαβε τον κάθε Μακεδόνα τότε.

Ο Έλλην υπάλληλος παρουσιάζετο ως ελευθερωτής-σκληρός γιατί εννοούσε σώνει και καλά να καρπωθή των κόπων και των μόχθων του ελευθερωτού. Έτσι έλαβε θέσιν κυρίου, κατακτητού προς δούλον. Και ενώ πολλές φορές ο Μακεδόνας ενόμιζε ότι θα είχε το θάρρος να κουβεντιάση πιο ελεύθερα προς τον ελευθερωτή για την δόξα του οποίου κι' αυτός αγωνιστήκε, μιλούσε με πόνο για την ανάξια αυτού συμπεριφορά. Πόνο τον οποίο δυστυχώς επερίμενε μια συκοφαντική εκστρατεία... Και επειδή στην αρχή που ήλθαν οι υπάλληλοι αμόρφωτοι και τελείως ακατάλληλοι να διοικήσουν ένα τόσο ποικίλλον λαόν όπως ο Μακεδονικός ενόμισαν ότι έχουν να κάμουν με ανθρώπους ευρισκομένους εις την πρωτόγονον κατάστασιν, εφαντάσθησαν ότι μπορούν να κρυφτούν πίσω από την δικαιολογίαν ότι είχαν να κάμουν με ... βούλγαρους. «Παλιοβούλγαρε» ήταν η επωδός τότε του κάθε υπαλλήλου.

Και όταν δεν κατώρθωναν να επιτύχουν τον σκοπό των ή ήθελαν να θησαυρίσουν, δραματοποιούσαν τας κομιτατζηδικές δράσεις, συλλήψεις εικόνων που θα τες εζήλευε και ο καλλίτερος οπερατέρ κινηματογράφου.

Εκτοπίσεις τότε και ρουσφέτια ωργίαζαν.

Στο μεταξύ όμως ο παμπόνηρος Μακεδονικός λαός ο οποίος δυστυχώς μπορεί να μην έχει φωνήν, έχει όμως διορατικότητα σπανίαν, εχαρακτήριζε τους ελευθερωτάς σε μερικά μέρη πεινασμένους, σ' άλλα γύφτους, σ' άλλα κότες-κατσικοκλέφτες.

Ήταν αυτές οι πρώτες εντυπώσεις. Δια τους χαρακτηρισμούς τούτους ουδόλως θα μεμφθώμεν τους Μακεδόνας. Κάθε άνθρωπος, κάθε λαός όταν αλλάζει ζωήν χωρίς να το θέλη προσέχει περισσότερο του δέοντος την καινούργια ζωή.

Από τους αθώους δε αυτούς χαρακτηρισμούς άλλο τόσο αγρίευαν οι ευέξαπτοι ρωμιοί μη κατωρθώσαντες ούτω ν' αγαπήσουν τον Μακεδονικό λαό μέχρι της σήμερον, ακόμα.

Ο Εισαγγελεύς, ο Ειρηνοδίκης, ο ανακριτής, νομάρχης, αστυνόμος έδιδε μεγαλυτέραν πίστιν εις την απλήν διαβεβαίωσιν ενός χωροφύλακος ο οποίος γνωρίζομεν καλώς από ποία στρώματα προέρχεται και ουδεμίαν πίστιν έδιδε σε χιλίους όρκους του φιλοθρήσκου και θεοφοβούμενου Μακεδόνος χωρικού. Δυστυχώς το τοιούτον εξακολουθεί.

Αλλά διατί; Μήπως διότι ο χωροφύλακας είναι δημόσιος υπάλληλος και επομένως Έλλην; Διότι τα δικαστήρια εδώ ουδέποτε ηθέλησαν, ούτε προσπάθησαν ν' ενθαρρύνουν το κοινόν το οποίο τρέμει προ του χωροφύλακος, προ του δικαστηρίου. Διότι όταν ο χωροφύλακας ξεύρει ότι αι μέθοδοί του δεν θα εύρουν υποστήριξιν εις το Δικαστήριον δεν θα τολμήση να καταφύγη εις αυτό. Δεν είναι τρόπον τινά τότε συνένοχος ο Δικαστής ο οποίος ενισχύει τοιουτοτρόπως τον χωροφύλακα;

Ένα περιστατικό με δικαιολογεί υποθέτω εις τ' ανωτέρω.

Ένας χωροφύλακς τις οίδε δια ποίους λόγους και σκοπούς είχε καταγγείλει μιαν χήραν πολέμου επ' αισχροκερδεία, διότι δήθεν επώλει πετεινόν προς 33 δραχμάς. Το δικαστήριον στηριζόμενον στην ένορκο κατάθεσιν του χωροφύλακα κατεδίκασε την κατηγορούμενη παρά το ότι τρεις μάρτυρες ενόρκως εβεβαίωσαν ότι η κατηγορούμενη δεν ήθελε να πωλήση τον πετεινόν, αλλ' ότι ο χωροφύλακας ήθελε ρουσφέτι ένα πετεινόν και η πτωχή το ηρνείτο.

Προ μηνών εξεδικάσθη εις το Ειρηνοδικείον Φλωρίνης η εξής υπόθεσις. Δύο υπάλληλοι Ταμειακοί κατηγορούντο διότι ενώ εφιλοξενούντο παρά τινος χωρικού —έθιμον υποχρεωτικόν πλέον κατήντησε το περίφημο κατάλυμα δια τους δημοσίους υπαλλήλους εις τα χωρία μας— υπό του οποίου προσεφέρετο το πτωχικό φαγί των δέκα αυγών τηγανιτών, εδέχθη ο δυστυχής χωρικός κατάμουτρα ολόκληρο το πιάτο με το καυτερό λάδι.

Δεν μ' ενδιαφέρει αν ο Ειρηνοδίκης επίστεψε τους δύο υπαλλήλους τούτους και δεν επίστεψε ολόκληρο χωριό και αθώωσε τους «ηρωικούς» δύο αυτούς υπαλλήλους. Μ' ενδιαφέρει όμως το ερώτημα. Ποία η εντύπωσις του χωρικού μετξύ σλαυισμού, όστις γλυκύτατα τον περιπτύσσει άλλοτε και τώρα, και Έλληνος υπαλλήλου ή Ελληνικού κράτους;

Ένας εφοριακός κάποτε επειδή δεν του παρεχωρήθη άλογο δωρεάν από μίαν κοινότητα την επομένην παρουσίασε την υπό των γεωργών δηλωθείσαν παραγωγήν, υπερφορτωμένην, ως εάν επρόκειτο ο Θεός να καλύψη εσοδείαν δι' εκατόν έτη. Εννοείται ότι ακολούθησαν ενστάσεις αι οποίαι όμως κακοβούλω εισηγήσει απερρίφθησαν ουδόλως ληφθέντων υπ' όψιν των όρκων των κατ' εξοχήν φιλοθρήσκων και θεοφοβουμένων Μακεδόνων χωρικών.

Αυτή υπήρξε και υφίσταται η νοοτροπία των υπαλλήλων οι οποίοι δυστυχώς δια τους Μακεδόνας χωρικούς κάμνουν το κράτος διότι δεν μπορούν να ξεχωρίσουν το κράτος από τους υπαλλήλους. Αλλά τι λέγω; Εδώ κοντεύουν να το πιστέψουν οι ίδιοι οι κρατικοί υπάλληλοι ότι το κράτος είναι αυτοί οι ίδιοι οι υπάλληλοι και τανάπαλιν. Ενώ όλως τουναντίον οφείλουν να γνωρίζουν ότι είναι απλώς όργανα του κράτους εξωπλισμένα με κρατικήν εξουσίαν προς επιτυχίαν του σκοπού του κράτους. Οφείλει να παύση η λεγομένη κατάχρησις της εξουσίας διότι πρέπει να αναγνωρισθή ότι εις αυτήν κυρίως οφείλεται η διάστασις μεταξύ ατόμου και κράτους. Τα άτομα πράττουσι ό,τι εξαρτάται από αυτά για χάριν του και παρ' όλα αυτά το κράτος συμπεριφέρεται εχθρικώς προς τους υπηκόους του δια των υπαλλήλων του. Είναι άστοχον το λεγόμενον ότι το κοινόν έχασε την εμπιστοσύνην του προς το κράτος διότι το κοινόν πειθαρχεί. Το κράτος ενεργεί δια των υπαλλήλων του ωσάν να έχασε την εμπιστοσύνην του προς το κοινόν διότι άλλως δεν θα ηνείχετο την συμπεριφοράν ταύτην των οργάνων του προς τα πειθαρχούντα άτομα.

Η πειθαρχία δε των Μακεδόνων δύναται να είπη τις ότι είναι παροιμιώδης. Διότι ούτε στάσεις, ούτε εξεγέρσεις παρετηρήθησαν μέχρι της σήμερον, όπως η καταστροφή των αρχείων της εφορίας Κρήτης κτλ. ενώ τόσο αγρίως φορολογούνται και κακοδιοικούνται.

Εκείνο όμως που φοβούμαι είναι ότι ένας αδικαιολόγητος υποφώσκων κατατρεγμός παντός Μακεδόνος και η ακατάσχετος κάθοδος Παλαιολλαδιτών προς την Μακεδονίαν ως εις μίαν χώραν αποικιακήν, πρόκειται να επιφέρη πολλά τα κακά. Διότι ανερχόμενοι εις την γην ταύτην της επαγγελίας που λέγεται Μακεδονία δεν ασχολούνται με τίποτε άλλο παρά πώς να μας διαφθείρωσι τελείως με μικροπολιτικές, κλίκες διάφορες και χίλιες άλλες μικροπρεπείς ενέργειες. Διότι ο κάθε υπάλληλος όταν έρχεται προσπαθεί να δημιουργή κλίκα δική του. Οργιάζει εις σχέδια καταχθόνια εμπρός εις τα οποία σταματά κάθε Μακεδονικός νους. Αλλά εν είναι μονάχα τούτο. Το κράτος ουδέποτε εσκέφθη σοβαρά ότι το ψύχραιμο και ηθικό Μακεδόνα θα μπορούσε να χρησιμοποιήση εδώ στην Μακεδονίαν. Ουδέποτε εφρόντισε να δημιουργήση στελέχη στη διοίκησιν σοβαρά Μακεδονικά.

Ο φόρος δε της αύριον είναι ακριβώς τούτος. Ότι πληθύνονται οσημέραι οι Μακεδόνες διανοούμενοι και ο κίνδυνος της πείνης αυξάνει. Ουαί δε και αλοίμονον όταν πεινάσουν οι διανοούμενοι Μακεδόνες οι οποίοι θα βλέπουν εις το σπίτι των χορτάτο τον Πελοποννήσιον και αυτόν έξω του σπιτιού του υποφέροντα. Θα δημιουργηθή ένας δίκαιος κίνδυνος.

Να τι φοβούμεθα αύριον. Να γιατί θέλομεν να πιστεύσωμεν ότι το κράτος δεν επρόσεξε την Μακεδονίαν και τους Μακεδόνας. Να γιατί θεωρούμε υπεύθυνον το κράτος ότι μπορεί να γίνει πρόξενος κινδύνου εξ αιτίας ενός οικονομικού κινδύνου και μιας δυσ-αρεσκείας την οποίαν δημιουργούν τα εξαποστελλόμενα εδώ όργανά του.

Γ. Θεοδώρου Μόδης, ca. 1930

ΥΣΤΕΡΑ ΑΠΟ 19 ΧΡΟΝΙΑ

Επί τέλους ύστερα από 19 ολόκληρα χρόνια η Ελληνική Κυβέρνησις εδέησε κάπως σοβαρώς να σκεφθή για τα Μακεδονικά ζητήματα.

Και για να είμεθα ειλικρινείς πάλιν η ίδια κυβέρνησις, ή μάλλον σοβαρός αντιπρόσωπός της, ο άλλοτε Γεν. Διοικ. Δυτ. Μακεδονίας κ. Ηλικης ειργάσθη μ' ένα εξαιρετικό ιερό πόθο για την Μακεδονία, ώστε τα αγαθά αποτελέσματα να βλέπουμε σήμερα είς τινα δόσιν, διότι το έργον του σοφού εκείνου διοικητού διεκόπη λόγω ενός ρεύματος, ενός συνήθους Ελληνικού ενθουσιασμού, του Ελληνικού λαού που ενόμιζε ότι ... τυραννείται. Τότε εγένετο δια πρώτην φοράν μια σημαντικωτάτη εργασία στη Μακεδονία, ώστε σήμερα να έχουμε τίτλους επί των ραγιάδων οι οποίοι δυστυχώς από της απελευθερώσεως δεν έβλεπον τίποτα άλλο, από τον βούρδουλα και πολυποίκιλους εκβιασμούς του χωροφύλακος και χίλιες ταπεινώσεις και εξευτελισμούς των Δημ. Οργάνων, ώστε κι' εμείς οι πουριτανοί να διερωτώμεθα «Με ποίους άρα γε συνεπράξαμεν; Δια ποίους ειργάσθημεν;»

Ευτυχώς που ο άνθρωπος αυτός καθ' όλην την τραχύτητα της ζωής του Ευρωπαικού πολέμου και γύρω από μίαν ίσως δικαιολογημένη Συμμαχικήν δυσπιστίαν και μυρίων άλλων κακών που περιτρυγύριζαν τη μικράν Ελλάδα της Προσωρινής Κυβερνήσεως, κατώρθωσε όχι μόνον ν' αποβάλλη από τον απελεύθερον Μακεδόνα την δυσπισιτίαν με την οποίαν προσέβλεπε προς την Ελληνικήν Διοίκησιν αλλά και με την πατρικήν του αγάπην και συνήθη διορατικότητα του Κρητός κατώρθωσε ν' αγαπήση πρώτα τον χωρικόν, να τον καθοδηγήση, να τον μορφώσον αυτόν και τα παιδιά του, με σχολεία, οικοτροφεία, διδασκάλους, προσκόπους και χίλιους τρόπους άλλους μορφώσεως και αφομοιώσεως.

Το έργον του που άρχιζε ο σοφός εκείνος διοικητής από το παιδί, την φυσικήν του αγωγήν του Μακεδονόπαιδος υπήρξε, όσον ολιγόχρον και αν ήτο γιγάντιον. Και ασφαλώς δεν είναι δυνατόν ούτε σκιαγράφησιν του έργου τούτου να κάμωμεν εις τας ολίγας αυτάς γραμμάς της εφημερίδος ταύτης. Είχομεν όμως υποχρέωσιν να προλογίσωμεν το σημερινό μας άρθρο με μίαν δεύτερη πάλιν προσπάθεια της ιδίας κυβερνήσεως, ήτις ίσως καθυστερημένα, μας παρέχει πάσαν ελπίδα ότι θα επιφέρη τ' αγαθά της αποτελέσματα εάν πάντοτε η εργασία αυτή δεν μείνη στο ράφι και φιγουράρει σαν μία γεροντοκόρη ως συνήθως. Ευτυχώς η υπόνοια αυτή κατά τας διαβεβαιώσεις προσώπου γνωρίζοντος πρόσωπα και πράγματα δεν προώρισται να ματαιωθή, διότι η εργασία αυτή ευρίσκεται σε καλά χέρια.

Και για να είμαι σαφέστερος.

Ομιλώ περί των τελευταίων αποφάσεων της επιτροπής ήτις συνήλθε εις το Πολιτικόν Γραφείον υπό την προεδρίαν του κ. Βενιζέλου δια την μελέτην των Μακεδονικών ζητημάτων. Κατά τις συνεδριάσεις ταύτας αίτινες σημειώνουν σταθμόν δια την Μακεδονίαν και δη την Δυτικήν ελήφθησαν αποφάσεις όπως απομακρυνθούν μερικοί υπάλληλοι ανώτεροι και κατώτεροι αποδειχθέντες αδαείς και επικίνδυνοι με την τακτικήν των δια την όλην υπόθεσιν. Δεν γνωρίζομεν τούτους αλλά και αν τους εγνωρίζομεν θα τους ακολουθούσε η συμπάθειά μας στον δρόμον της αποτυχίας των, ώστε να μην τους στιγματίσωμεν δια της δημοσιότητος. Άλλως τε σήμερον εμάς ενδιαφέρι η γενικότης, η γενική ωφέλεια, η γενική ανακούφησις εκ του ότι σήμερον ο κ. Πρόεδρος της Κυβερνήσεως απασχολημένος με τα ζωτικώτατα παγκόσμια γεγονότα της κρίσεως ηθέλησε ν' ασχοληθή μερικάς ημέρας και με τα ζητήματα του τόπου μας και λεπτομερέστερον ακόμη της Φλωρίνης ώστε δικαίως να του εκφράσωμεν την βαθυτάτην ευγνωμοσύνην όλου του τόπου, φιλικώς ή και εχθρικώς διακειμένων πολιτικώς προς αυτόν. Μ' εκίνησε στο να γράψω σήμερον το γεγονός ότι εκ των φανατικωτέρων ακόμη αντιβενιζελικών εξεφράσθησαν —ως άλλως τε είχον υποχρέωσιν— ενθουσιωδώς δια το έργον του κ. Προέδρου της Κυβερνήσεως. Αυτή η ιερά συγκίνησις με κατέλαβε ώστε να φωνάξω δια του τύπου εγώ ο παλαιός του θαυμαστής, τον οποίον απεμάκρυνε από κοντά του η κακούργος πολιτική των εδώ Βενιζελικών, ότι το έργον του είναι θείον, είναι υπέροχον όταν εργάζεται έτσι δια τον μοιραίον τούτον τόπον, τον οποίον οι διάφοροι παράγοντες κατατρώγουσιν, ώσπου καταφάγωσιν τας ιδίας των σάρκας. Διότι μία τοιαύτη κακή πολιτική εν Μακεδονία εκεί θα καταλήξη. Στο να καταφάγωμεν αργότερα τας ιδίας μας σάρκας.

Και βέβαια ο παλαιός Κρης επαναστάτης δεν ήτο δυνατόν να μείνη ασυγκίνητος προς την αθλιότητα της κρατικής εκπροσωπίσεως εν Μακεδονία. Και ευθύς ως ήκουσε από παλαιόν του και έμπιστον ιδεολόγον τον θαυμάσιον νομάρχην μας κ. Β. Μπάλκον την τραγικότητα της καταστάσεως έσπευσε και συνεκάλεσε συμβούλιον δια την επίλυσιν των Μακεδωνικών ζητημάτων.

Και οι δύο αγωνισταί, ο κ. Βενιζέλος των ωραίων κρητικών αγώνων και ο κ. Μπάλκος των Μακεδονικών τοιούτων αντίλαξαν σκέψεις επί των Μακεδονικών ζητημάτων. Ο εις ως πρόεδρος και πονών τους υπηκόους του και ο έτερος ως βέρος Μακεδονομάχος και πονών δια το έργον του που διέγραψε και επραγματοποίει ανά τα Μακεδονικά βουνά δια την επικράτησιν της Μεγάλης Ιδέας.

Αυτοί ήσαν οι ενδεδειγμένοι δια την εκκαθάρισιν των υπαλληλικών εκείνων στοιχείων τα οποία επικίνδυνα αποβαίνουσιν οσιμέραι δια τον τόπον. Προς αυτούς ο λαός της Φλωρίνης και γενικώς της Μακεδονίας αποβλέπει με συγκίνησιν δια την αισίαν έκβασιν της ευγενικής προσπάθειας ήτις όσον μικρή φαίνεται τόσον μεγαλειώδης προώρισται ν' αποβή.

Γ. Θεοδ. Μόδης
Δικηγόρος
ca. 1931

Η Προσοχη εις την Εκπεδευσιν της Μακεδονιας

Επί τέλους ύστερα από τόσους αγώνας των εφημερίδων μας για την εκπέδευσιν, ύστερα από εγκληματική αδιαφορία πρωτοφανή προς τα πράγματα της Μακεδονίας είδαμε ένα ενδειαφέρον κάπως ζωντανό. Το ενδειαφέρον που εδημιουργήθη από την πείσμονα απαίτησιν εκλεκτών ανωτέρων υπαλλήλων και παλαιών πολεμιστών εθνικών αγώνων και πρόκειται έστω και την δωδεκάτην να σώση την κατάστασιν. Διότι περιτράνως διεπιστώθη υπό σοβαρών λειτουργών της εκπαιδεύσεως και ανωτέρων φωτισμένων στρατιωτικών φυσιογνωμιών ότι εις την Φλώρινα και γενικά εις την Μακεδονίαν η εκπαίδευσις η εθνική χωλαίνει, αλλά ότι αύτη με χιλιάδες ανόητα νεώτερα συστήματα που ζητούν να εφαρμώσουν οι δάσκαλοί μας που δεν είναι εις θέσιν να τα καταλάβουν δια να τα διδάξουν, κατέστη δολοφονική από απόψεως μορφώσεως, αφομοιώσεως γλώσσης ή και ψυχής.

Ξεροί, ανούσιοι, χωρίς ψυχή, χωρίς πνοή ή θέρμη εθνική, ίσως ακόμα διότι δεν νοιώθουν από οικογενειακής αγωγής οι ανώτεροι εδώ εκπαιδευτικοί μας ασχολούνται με συνέδρια εις τα οποία μελετούν ή καλλίτερα ακούουν ολίγους πιο σύστημα εργασίας εις τα σχολεία των πρόκειται να εφαρμώσουν. Οι παιδαγωγοί μας και οι μικροί αντιγραφείς των πρό τινων ημερών ησχολήθησαν επί ημέρας ολοκλήρους εις το ν' ανακαλύψουν με ποίον σύστημα θα εργασθώσιν το προσεχές σχολικόν έτος. Μερικοί νεωφώτιστοι που δεν εγνώρισαν ποτέ τους την αποστολή τους εις την Μακεδονίαν επέμεναν με φανατισμό δια το σχολείο εργασίας που το ανεκάλυψαν να εφαρμώζεται εις την Γερμανίαν ή δεν ξευρω που αλλού, εις χώρας αιώνων πολιτισμού επέμεναν να το εισαγάγουν και εδώ χωρίς να θελήσουν τουλάχιστον να ζητήσουν να το προσαρμώσουν με τας ιδικάς μας κοινωνικάς συνθήκας και την ιδικήν μας ανάπτυξιν. Δεν επρόσεξαν ότι καλλίτερα θα ήτο να μας μάθουν να λέμε την καλημέρα ελληνικώτερα, από τα συστήματα του σχολείου εργασίας του οποίου την εφαρμογή τουλάχιστον δια τα ιδικά μας μέρη ευρίσκομεν τόσο πρόωρη.

Κατά τούτο πρέπει να παραδεχθώμεν ότι διαφέρει ο εκλεκτός παιδαγωγός που ήτο άλλοτε διευθυντής του διδασκαλείου μας κ. Γερακόπουλος. Αυτός πριν μας μιλήσει δια το σχολείον εργασίας ή άλλες παπαρδέλες εμελέτησε καλά τον τόπο και μας έμαθε πως έπρεπε να εργασθούμε δια την γλωσσικήν αφομοίωσιν της Μακεδονίας. Αυτά είναι τα φωτισμένα μυαλά. Αυτοί οι άνθρωποι θα ήσαν οι μάλλον αρμόδιοι σε μια ανώτερη εκπαιδευτική υπηρεσία εις τας Μακεδονικάς πόλεις και όχι οι φορτικοί και απαιτητικοί παιδαγωγοί και αντιγραφείς των. Η Μακεδονία και μαζί η Ελλάδα έχει ανάγκη τοιούτων ανθρώπων. Ο κ. Γερακόπουλος δεν έχει την θέσιν του εις την Κοζάνην εις μίαν κατ' εξοχήν ελληνόφωνη πόλιν. Έχει την θέσιν του εδώ εις την Φλώριναν εις το πλέον επίκαιρο σημείο του Ελληνικού Κράτους.

Οι δε κ. κ. ανώτεροι κρατικοί λειτουργοί που απεφάσισαν να ενδιαφερθούν δια την Μακεδονίαν οφείλουν αν αγαπούν πραγματικά την Ελλάδα και την ασφάλειάν της να σπεύσουν το ταχύτερον όπως απαλλάξουν τον τόπον μας από τους επικινδύνους αυτούς πρωτοπόρους της παιδείας και τους δουλικούς των αντιγραφείς οίτινες ανόητοι χωρίς πνοή εθνική πρόκειται να καταστρέψουν ένα ολόκληρο κόσμο δια τον λόγον μόνον ότι το κράτος πλανηθέν ανέθεσεν αυτοίς τα υψηλότερα υπουργήματα της εκπαιδεύσεως εν Φλωρίνη κ.λ.π. Απαραιτήτως οι άνθρωποι αυτοί πρέπει να σαρωθούν δια να σωθή η Μακεδονία. Πρέπει να φύγουν μακρυά και ίσως δια το καλόν της Ελλάδας μακράν της υπηρεσίας διότι απεδείχθη ότι επιζήμιοι είναι από οικονομικής και εθνικής απόψεως.

Φλώρινα 27-7-1931   Γεώργιος Θεοδ. Μόδης
                                               Δικηγόρος

Τα Εκπαιδευτικα Μας Χαλια

Όταν ζη κανείς εδώ στην τελευταία επαρχία, ψηλά στις βουνοκορφές των συνόρων που χωρίζουν δύο έθνη, δύο πολύ διάφορους πολιτισμούς, δεν είναι δυνατό, όσο κι' αν είναι ξένος κι' αδιάφορος για τούτο τον τόπο δεν μπορεί παρά να προσέξη κάθε τι το δημιουργικό, κάθε τι που αφορά την νέα μας ζωή. Και να εκφράση ή να διατυπώση τούτο ή εκείνο το άσχημο ή το πρόχειρο μέτρο. Μιλάω και εννοώ κάθε τι που η δημόσια και υπαλληλική αντίληψη συλλαμβάνει επιπόλαια και εφαρμόζει αυθαίρετα κάθε τι που θα εμφανίζετο ως καλό, κάθε τι που εσφυρίζετο από ανεύθυ-νους καλοθελητάς.

Η εκπαίδευσι σήμερα στη Μακεδονία τίποτα δεν έκαμε. Κανένα σύστημα. Καμία πνοή. Ότι μας εφύσιξε στα νηπιακά μας χρόνια η Μεγάλη Ιδέα κι' οι ιεραπόστολοί της την εποχή της Τουρκιάς έμεινε τούτο μονάχο για να μας κρατήση κάποιο ιδανικό, κάποια αγάπη προς την καινούργια μας μεταβολή. Το σχολείο τίποτα, τίποτα. Μας περιώρισε στους τέσσαρες τοίχους. Μας έμαθαν οι δάσκαλοί μας πότε την μια, πότε την άλλη γλώσσα, πότε στο υπόγειο, πότε στο ύπαιθρο μερικά στραβογράμματα; Είδαν τα μάτια μας δασκάλους να κοματίζωνται αλλά και να ευπρεπίζονται για να αρέσουν ... στις μαθήτριες.

Είδαμε ανάλγητους κι' αδιάφορους ή καλλίτερα ακούσαμε ότι υπάρχουν ανώτεροι εκπαιδευτικοί λειτουργοί! Είδαμε να καταρρέουν σχολεία μαζί με την υπόληψι διδασκόντων και διδασκομένων. Ακούσαμε απαγωγάς μαθητριών υπό διδασκάλων, έρωτες και διαχύσεις. Είδαμε δασκάλους και δασκάλες της μεγάλης και μικρής εκπαιδεύσεως να μεταβάλλωνται με το μαγικό των χαράκι σε δασκάλους του έρωτος. Είδαμε επιπολαιότητες, πείσματα, εμπάθειες, κακεντρέχειες, ανθρώπους που έπρεπε να περιορίζωνται στο ιερό ναό της σπουδής να κατέρχωνται στο χαμηλό επίπεδο του γυμνασιόπαιδου, το οποίο να κυνηγούν και να αποβάλλουν γιατί; Γιατί ο μαθητάκος τούτος εχάρισε την καρδιά του ολόκληρη στην ευνοούμενη του τάδε Γυμνασιάρχη ή του δείνα καθηγητή. Είδαμε γλέντια, κάποιος τολμηρότερα θα έλεγε και όργια...

Αλλά προς Θεού που θα βαδίσωμεν τότε; Υπάρχει Κράτος; Υπάρχουν άνθρωποι που φιλοδοξούν να πιστέψουν ότι έχουν ανλάβει τα ηνία του μοιραίου τούτου κράτους;

Δεν θα κρούσσω τον κώδωνα του κινδύνου από μέρους ξένου τινός στοιχείου –γιατί κατ' εμέ τίποτα δεν μπορεί να ταράξη την ηρεμία της Ελληνικής Μακεδονίας μας– αλλά έχω υποχρέωσι ως Έλληνας αλλά και ως Μακεδόνας που πονώ τον τόπο να φωνάξω για τα χάλια μας τούτα που πιθανόν να μην οφείλωνται ολοκληρωτικά σ' αυτούς που ανέλαβαν να μας καθοδηγήσουν τα παιδιά μας, αλλά στο επίσημο κράτος που τώρα τόσα χρόνια δεικνύει τέτοια αναλγησία.

Δίκαια εξανίσταται κάθε ψυχή όταν βλέπει τα εκπαιδευτικά μας χάλια.

Για αυτό από σήμερα αναλαμβάνουμε τον αγώνα τούτον ως που το κράτος θα υποχρεωθή να μας ακούση και θα καταδεχτή να ρίξη μια ματιά εδώ στην άκρη τούτη και θα πειστή ότι κι' εμείς εδώ παροικούμεν εντός των συνόρων του, ότι κι' εμείς υπερηφανευόμεθα και καυχόμεθα να λεγώμαστε Έλληνες, ότι κι' εμείς είμαστε Έλληνες που αγαπούμε τον τόπο μας περισσότερο από εκείνους που ενσφυνώθηκαν στον υδροκέφαλο της Ελληνικής πρωτεύουσας.

Σημαίνομε σήμερα εγερτήριο.

Θα σαλπίζουμε συνεχώς ως που να ξυπνήση η ναρκωμένη ψυχή των αυτού κάτω. Θα σαλπίζουμε· πολύ φοβούμεθα όμως μη τυχόν το σάλπισμά μας θα είναι το σάλπισμα της Δευτέρας Παρουσίας, οπότε θα είναι αργά.

Το επόμενο θα ασχοληθώ με τις άδικες προαγωγές του κ. Επιθεωρητή των Δημ. Σχολείων.

Γ. Θεοδώρου Μόδης
ca. 1931

III – ΜΕΙΟΝΟΤΗΤΕΣ

ΣΛΑΒΙΚΕΣ ΠΡΟΣΠΑΘΕΙΕΣ

Οπωσδήποτε ο εθνικός παλμός σήμερα είναι βαθειά ριζωμένος στην ψυχή των λαών. Διότι και ο πρώτος και δεύτερος παγκόσμιος πόλεμος ενώ για μια στιγμή φάνηκε ότι θα κλονίσουν την Εθνική ψυχή, όπως και τα νεώτερα συστήματα και θεωρίαι, θα ενόμιζε κανείς ότι μετά τα τρομερά αιματοκυλίσματα που ακολούθησαν τους δύο πολέμους θα εχαλάρωνε τον εθνικό παλμό της κουρασμένης ανθρωπότητος, οι λαοί της γης πάλι με τα λάβαρα της Εθνικής Ιδέας εβάδισαν προς τα πεπρωμένα των.

Ο πρώτος παγκόσμιος πόλεμος έμπρακτα μας παρουσίασε και τα δύο φαινόμενα. Το θανάσιμο τραύμα απάνω στο πατριωτικό αίσθημα και από την άλλη μεριά ένα γιγάντωμα του Εθνικού Ιδανικού. Ζητήθηκε τότε ο ένας, είτε από τα επάνω, είτε από τα κάτω. Γύρω από το ένα πανικόβλητοι οι λαοί εμπρός εις την επερχόμενη λαίλαπα ζήτησαν να προστατεύσουν τον εαυτό τους, την πατρίδα τους. Για την πατρίδα και το έθνος αγωνίστηκε ο φασισμός. Η πατρίδα και ο εθνικός στρατός ήταν το έμβλημα του προλεταριάτου όλου του κόσμου. Έτσι η εθνική ιδέα, η ιστορία, η ανάγκη, ο εγωισμός και η υπερηφάνεια του λαού επήρε έκτασι ζωντανότερη και κατά παράδοξο τρόπο ο εθνικισμός φανερώθηκε ίσως με περισσότερη δράσι εις την πλευρά ακριβώς εκείνη η οποία ευθείς μετά τον πόλεμο ειρωνεύτηκε την ιδέα αυτή και την επολέμησε με φανατισμό.

Ο κομμουνισμός πανσλαβιστής και ... πατριώτης μέγας. Στο όνομα του έθνους και της πατρίδος κατήγαγε τις πιο περίλαμπρες νίκες του και κράτησε πάλι τα σύνορα και μάλιστα τα ισχυρά. Πάλι τα όπλα που επρόκειτο να γίνουν δρεπάνια και αλέτρια. Πάλι τα πανσλαβιστικά συνέδρια που την γέννησι και το τέλος είχαν εις τα Τσαρικά αλλά και κομμουνιστικά καθεστώτα. Αυτά μας δίδουν το δικαίωμα να δεχτούμε πως η Εθνική σκέψι σήμερα είναι ακόμη η αγάπη σε εκείνο που μας έμαθαν να λέμε πατρίδα. Αυτό το σύνθημα —της αυτοσυντήρησης— ας το πούμε, ακόμη πολλές δεκαετηρίδες θα κυριαρχή σε κάθε λαό της γης, είτε μικρό, είτε μεγάλο, είτε το θέλουν είτε όχι μερικοί άφρονες συνάνθρωποί μας που μερικά τόσο ζωτικά ζητήματα της φυλής μας αντιμετώπισαν εντελώς επιπόλαια.

Και φυσικά δεν παραγνωρίζουμε την ανάγκη ότι στην ανθρωπότητα πια, πρέπει μια μέρα να ροδίση το φως και το δίκαιο και η Αγάπη προς παν συνάνθρωπό μας, μακρυά από μίση και πολέμους που τόσο αδικαιολόγητα χωρίζουν τους ανθρώπους. Πλην όμως χρειάζεται κάποια καρτερία και σύνεσις για να φτάσουμε εκεί. Γιατί αυτό το αίσθημα που θέλησαν οι καινούργιες θεωρίες να το εξαφανίσουν φωλιάζει ακριβώς πιο δυναμωμένο στις ψυχές αυτών που το πολεμούν. Οι δύο πόλεμοι δεν το λιγόστεψαν. Αντίθετα του έδωσαν καινούργια βάσι και δικαιολόγησι τέτοια που να παραπλανά. Για εθνική ανεξαρτησία μιλούν, οι διαπαιδαγωγημέ-νοι μαρξιστικά λαοί. Για ασφάλεια συνόρων, για εδαφική και οικονομική επέκτασι. Σε βάρος άλλων ζητούν κυρώσεις όταν αυτοί οι άλλοι υπήρξαν συναγωνισταί, πρωτοπόροι, βοηθοί και ομότιμοι νικηταί στον αγώνα κατά του Αξονικού Φασισμού. Το δίκαιο που προσκρούει εις τα συμφέροντά τους γίνεται μια απλή θεωρητική φιλοσοφία. Τα Σλαβικά έθνη με τον παθολογικό τους εγωισμό και τον αυστηρό σοβινισμό συνασπίζονται προς επιτυχία του σκοπού των που ένας ήταν και στην εποχή των Τσάρων. Εδαφική και οικονομική επέκτασι προς Ανατολή και Δύσι και κάθοδο προς την Μεσόγειο. Δια τα άλλα αδιαφορούν. Πάντα τα σλαβικά όνειρα και σχέδια είναι πλαισιωμένα κατάλληλα είτε εις τον Μοναρχισμό είτε εις τον κομμουνισμό. Τούτο μονάχα εμείς οι Έλληνες δεν θέλουμε να το καταλάβουμε.

Ως τόσο οι σλάβοι με μερικές των εισβολές παλαιότερα εις τα Βαλκάνια και την ρηχή και φτωχιά των γλώσσα θέλησαν να επιβάλλουν την διάλεχτό τους σε μερικές μας εδώ επαρχίες της Μακεδονίας και επίστεψαν ότι μπορεί να αγνοηθή μια ολόκληρη ιστορία αιώνων, ιστορία πλούτου, φωτισμού, μεγαλείου, σοφίας και Τέχνης, όπως εκείνος ο μεγαλειώδης Βυζαντινός πολιτισμός. Έτσι, εκμεταλλευόμενοι το άχαρο και φτωχό λεξιλόγιο, τη χυδαία σλαβοφέρνουσα διάλεκτο που δεν έχει ούτε ιστορία, ούτε φιλολογία, ζητούν σήμερα την προστασία των ολίγων ανθρώπων που άλλαξαν την πίστι τους χιλιάδες φορές.

Από τα 1876 μέχρι το 1941 μας έλεγαν ότι είναι Βούλγαροι και γύρω από την ιδέα αυτή έχυναν άφθονο το αίμα και την μελάνι. Κατά τον χρόνο του μεσοπολέμου πάλι μας απέδειξαν ότι είναι βούλγαροι οργιάσαντες με τους Γερμανούς σε βάρος των Ελλήνων, για να μη τονίσω ιδιαίτερα ότι από το 1912 και μέχρι το 1941 παρίστανον τον πλέον φανατικό έλληνα. Πότε λοιπόν ήσαν βούλγαροι, πότε έλληνες, αλλά και πότε σλαβομακεδόνες. Μου φαίνεται πως κανείς δεν πρέπει ν' απατάται ότι οι άνθρωποι αυτοί είναι ίδιοι έτσι όπως από τα 1870 και δώθε τους παραμόρφωσε ψυχικά η βουλγαρική προπαγάνδα.

Ίσως σήμερα να θέλουν αυθαίρετα να τιτλοφορούνται με τον μακρόσυρτο τούτο τίτλο του σλαβομακεδόνος. Είμαι σύμφωνος διότι του καθενός είναι δικαίωμα να σκέπτεται και διανοήται όπως θέλει, όπως έχω το δικαίωμα για μια στιγμή να επικαλεσθώ την ιδιότητα του Βραχμάνος. Διότι έτσι το θέλει κανείς μπορεί να επικαλήται τα πάντα. Διεθνή όμως θέσμια και νόμοι του Κράτους εις το οποίο διαβιούμε δεν επιτρέπουν αυθαιρεσίες και ανοησίες. Οι θέλοντες να λέγωνται σλαβομακεδόνες είναι υποχρεωμένοι, όπως και άλλοι π.χ. έλληνες εις άλλα κράτη να τάσσωνται υπό την πειθαρχία και καθοδήγησι του Κράτους εις το οποίο διαβούν.

Οι σλάβοι ομιλούν περί μειονοτήτων εις την Πατρίδα μας. Επί τέλους ας δούμε και εις την πραγματικότητα ποιες είναι αυτές οι μειονότητες, που δια να επεκταθούν προς τον Νότον τις επενόησαν και τις επικαλούνται τώρα τόσο καιρό οι σλάβοι. Τις μειονότητες τούτες τώρα τις ωνόμασαν σλαβομακεδονική εθνότητα, προφανώς διότι έχουν αφοπλισθεί από διεθνείς συνθήκες, εκουσίες μεταναστεύσεις, αποτυχημένους αγώνες και πολέμους και ζητούν να ενταχθούν εις το περίφημο κράτος των Σκοπίων, του οποίου οι σκοποί εξηγγέλθησαν επίσημα από στραταρχικά χείλη. Έτσι δια να δικαιολογήσουν και ιστορικά την προέλευσί τους αναμόχλευσαν την ιστορία και από την σκουριά της ανακάλυψαν ένα Τσάρο τους που είχε δήθεν την καταγωγή του από την Μακεδονία τον Σαμουήλ και τον έκαμαν γεννήτορά τους ζητώντας να περιλάβουν όλην την Μακεδονία εις το μικροσκοπικό τους κράτος. Δυστυχώς μερικοί έλληνες τον δόλιο σκοπό τους δεν θέλουν να τον διαβλέψουν. Ίσως διότι είναι άρηκτα δεσμευμένοι με τις νεοφώτιστες ιδέες παραγνωρίζοντες την τρομερή αυτή πονηρία του αληθινού σλάβου.

Τώρα στη Μακεδονία τοποθετούν μερικούς σλαβοφέροντας χωρικούς ως σλαβομακεδόνας. Και ενώ ύστερα από τις συνθήκες των Βερσαλιών, Μεϋγύ και συμφωνιών Μολώφ-Καφατάρη, βούλγαροι ή σλαβομακεδόνες δεν πρέπει να θεωρηθή ότι υπάρχουν διότι έφυγαν με τις συμφωνίες αυτές στη Βουλγαρία τους, ή διότι αυτοί που έμειναν επίσημα εδήλωσαν ότι ήσαν Έλληνες και ότι με την Ελλάδα ήθελαν να διαβιώσουν, χωρίς πιέσεις και φανατισμούς. Αφού πολλοί από αυτούς γρήγορα κατέλαβον και επίμαχα σημεία της κρατικής μας μηχανής στα τριάντα και τόσα χρόνια της ελεύθερής μας ζωής. Και με την νοοτροπία αυτή οι άνθρωποι αυτοί έζησαν καλλίτερα από κάθε ορθόδοξο Έλληνα, απολαμβάνοντες τα' αγαθά της πατρίδος πλουσιώτερα από κάθε άλλον. Συνεπώς δι' οποιονδήποτε πραγματικό και ιστορικό λόγο οι άνθρωποι αυτοί ουδέποτε υπήρξαν βούλγαροι ή σλάβοι. Διότι ενθυμούμαι ένα σημαίνοντα σήμερον νεοβούλγαρο-σλαβομακεδόνα κεφαλαιοκράτη, έλληνα δικηγόρον και ήδη διευθυντήν της υπηρεσίας του Τύπου του κράτους των Σκοπίων όστις διερρύγνυε τα ιμάτιά του ν/ αποδείξη το μεγαλείο της Ελληνικής επαναστάσεως του 1821, την ελληνικότητα της Μακεδονίας και του εαυτού του εις μίαν μασωνικήν συγκέντρωσιν στη Φλώρινα κατά το έτος 1937 με τέτοιο πάθος και φλόγα που ασφαλώς θα τον εζήλευε και ο πλέον φανατικός Έλλην. Αιτήσεις δε και υπομνήματα άπειρα είχε υποβάλλει προς το Υπουργείο Ασφαλείας ενυπόγραφα. Διότι μεταξύ άλλων έλεγε ότι είναι υιός Έλληνος και ο παπούς του κατεσφάγει υπό των κομιτατζήδων κατά τους αγώνας των Μακεδόνων εναντίων των βουλγάρων.

Συνεπώς δίκαια θα διερωτηθή κανείς μια που σαν κι' αυτόν τον νεοφώτιστον βούλγαρον και σλαβομακεδόνα είναι και άλλοι, αν είναι σωστό και δίκαιο τέτοιοι άνθρωποι ν' απολαμβάνουν των προνομίων των μειονοτήτων του περίεργου τούτου σλαβομακεδονικού κράτους. Αποτελούν τάχα μειονότητα οι ταραχίαι αυτοί, όπως σοβαρά αποτελούν μειονότητα στη Τσεχοσλοβακία οι Σουδήται, οι Γερμανοί του Τυρόλου, οι Τούρκοι της Σερβίας. Πώς και βάσει ποίας λογικής ή ηθικής τάξεως γίνεται όλος αυτός ο θόρυβος με ευνοϊκή δυστυχώς απήχηση εις τα αυτιά μερικών αριστερών στοιχείων του τόπου μας.

Η Ελλάδα μας είναι κράτος με εθνική ζωή χιλιάδων ετών και έχει αρμονία και πολιτισμό και δύναμι ιστορίας. Το αίσθημα της ελευθερίας και της Δικαιοσύνης αυτή πρώτη το εδίδαξε και στο τέλος θα το επιβάλλη.

Τώρα γιατί οι βούλγαροι έγιναν σλαβομακεδόνες είναι διότι οι βούλγαροι είναι πάντα βούλγαροι που ποτέ δεν λησμόνησαν τις υποχρεώσεις τους προς τους Ρώσσους από τους οποίους ποτέ δεν απομακρύνθηκαν στα σοβαρά. Το πανσλαβιστικό πνεύμα είναι μέσα στο αίμα τους. Εάν κάποτε έθεσαν τα συμφέροντά τους κοντά στους Γερμανούς το έκαμαν από μεγάλη φιλοδοξία και από κακή εκτίμησι της πονηρίας των.

Έκαμαν κάποτε τον Μακεδονικό αγώνα απάνω στον οποίο έδωσαν τις βάρβαρες εξετάσεις των. Και τον εκέρδισαν τότε οι Έλληνες τον αγώνα εκείνο διότι ήταν δίκαιος και κατακάθαρα Ελληνικός. Ένα όμως κατάλοιπο της βουλγάρικης προπαγάνδας έμεινε από τότε δια να το εκμεταλλεύεται και το επισείει κάθε τόσο ανά τον κόσμο και να δημιουργούν πράγματα εις τα Βαλκάνια.

Δεν υπάρχουν μειονότητες εις την Ελλάδα. Αλλά εάν το θέλουν ορισμένοι φιλόδοξοι ταραξίαι και άλλοι τόσοι ετερόφωτοι άφρονες συμπατριώται μας ας γνωρίζουν ότι δεν θα είναι εκείνοι οι οποίοι θα δώσουν τον τόνο της πολιτικής μας ζωής στη Μακεδονία. Δεν σ' αρέσει. Θα φύγης. Και θα φύγης διότι δεν θέλεις να συμμορφώνεσαι με τους Νόμους της Πολιτείας που χρόνια τώρα προσκυνάς και λιβανίζεις και παραδέχεσαι σαν πατρίδα σου αληθινή. Συμβιβασμοί δεν επιτρέπονται. Αν μας αποδείξουν το αντίθετο. Αν μας αναφέρουν τα ήθη και έθιμα, τους ξέχωρους χορούς και την ξέχωρη ιστορία και ιερά τους και αν συμφωνήσουμε τότε θα καθίσουν σαν μειονότητα και υπάρχει ελπίδα ν' ανοίξουμε διάπλατα την καρδιά μας για μια ευρύτερη συνεννόησι. Και αν θέλουν Βαλκανική συνεννόησι. Πρέπει έτσι ή αλλοιώς μια για πάντα να λυθή το ζήτημα τούτο. Δεν πρέπει να τυρανιούνται με τις περίφημες αυτές ασυναρτησίες, μειονότητες και παραμύθια των γεννητόρων του σλαβομακεδονικού έθνους. Η ζωή πρέπει να προχωρήση. Και να προχωρήση θαρρετά, τίμια και παλληκαρίσια. Αυτό επιβάλλει το συμφέρον όλων μας. Και αυτό πρέπει να γίνη.

Δεν υπάρχουν μειονότητες εις την Μακεδονία. Και δεν υπάρχουν όχι απλώς διότι τα θέλουμε εμείς, αλλά διότι ιστορικά δεν αποδεικνύεται και δεν ευσταθούν. Οι βούλγαροι ζητούν την προστασίαν των αλλά ποτέ δεν μας είπαν το γιατί και πως τις θέλουν.

Μειονότης θα πή μία κατάστασις εθνολογική. Ομάδα μικρή ή μεγάλη ανθρώπων που έχει μίαν ιστορίαν ιδιαίτερη και δική της φιλολογία, ήθη κι' έθιμα δικά της και να έχουν μακροχρόνια επιβληθεί εις την ψυχή του λαού της, ακόμη να είναι πολύ διαφορετικά όλα αυτά από την ιστορία και τα έθιμα του κυρίαρχου κράτους.

Ποίος τότε θα μας δώση την εικόνα και το ιδιαίτερο χρώμα των ολίγων αυτών ανθρώπων που θέλησαν να ονομασθούν Σλαβομακεδονική εθνότητα; Μήπως θα δώση τον τόνο της μειο-

(εδώ λείπει μια σελίδα από τα χειρόγραφα)

ότι ήταν ιδανική με τα ιδιαίτερα προστατευτικά μέτρα των γεωργών.

Κάποτε από τα μέρη εκείνα επέρασε μικτή ελληνοβουλγαρική Επιτροπή και κανείς τότε από τους εναπομείναντας δε ζήτησε να μεταναστεύση στη βουλγαρία όπου ηγεμονική αποκατάστασι τους επερίμενε. Διότι στο σύνολο πάντα ο σλαβόφωνος χωρικός μας τους αγνοούσε. Στη πιο βαρειά εποχή της Τουρκιάς αιώνες ολόκληρους ήταν προσηλωμένος στα Ελληνικά Πατριαρχεία τα οποία τον επροστάτευον. Έτσι εξηγείται το ότι ποτέ δεν είχαν δικές τους εκκλησίες και ιδιαίτερους τάφους. Πριν της βουλγαρικής προπαγάνδας στη Μακεδονία ας μας ονομάσουν μία πόλι της Μακεδονίας όπου είχαν εκκλησία, σχολείο ή νεκροταφείο βουλγαρικό. Στο Μοναστήρι όπου ωργίασε η προπαγάνδα τους έπρεπε με την πίεσι των Τουρκικών αρχών να τους δοθή μία εκκλησία και το νεκροταφείο της Αγίας Κυριακής όπου και σήμερα διασώζωνται απερράριθμες πλάκες με τις Ελληνικές γραφές.

Αλλά ο σλάβος είναι πάντα σλάβος. Η σλαβική νοοτροπία είναι, ήταν και θα είναι μία, υπό οποιοδήποτε πολίτευμα. Γι' αυτό όπου δεν μπορεί να αντιτάξη αγώνα κατά μέτωπο, συνεχίζει τον αγώνα με την περίφημη εκείνη σλαβική του πονηριά. Σήμερα η βουλγάρικη αλεπού έγινε ορθόδοξη στο σοσιαλιστικό καθεστώς. Ο επίσημος βούλγαρος σιωπαίνει και ενισχύει να οργιάζη η περίφημη αυτή δημιουργία των Σκοπίων με επέκτασι προς τα κάτω, που προωθείται πάλι με δικά της παιδιά, τα ίδια παιδιά του Μακεδονικού αγώνα, χωρίς καθόλου ν' ανησυχή με το χωρισμό τούτο από τη βουλγαρία. Ξέρει καλά, πολύ καλά ότι είναι οι ίδιοι άνθρωποι, τα ίδια πρωτοπαλλήκαρα που χάραξαν από πενήντα χρόνια και δώθε οι σλάβοι καλόγεροι στη Μακεδονία. Μονάχα εμείς δυστυχώς μερικοί Έλληνες δε κατανοούμε τις δόλιες προσπάθειες αυτές των σλάβων.

Σλαβομακεδόνες

Η σλαβοβουλγάρικη κουτοπόνηρη νοοτροπία –που ποτέ δεν μπορεί να φτάση την ελληνική φινέτσα του πνεύματος– ανακάλυψε στη πρόοδο της χοντροκομμένης προπαγάνδας της μια καινούργια ορολογία του ... σλαβομακεδόνος. Είναι ο καινούργιος θόρυβος με τον οποίο από δω και πέρα θα βασανίζουν μερικούς χωρικούς της βορείου επαρχίας μας. Είναι ο καινούργιος αγώνας των βουλγάρων καμουφλαρισμένος επάνω εις τα ιερά της Μακεδονίας χώματα. Φαίνεται πια, πως τα παλαιά των συνθήματα χρεωκόπησαν.

Όταν ο βούλγαρος αποφάσισε πριν απ'πο πενήντα χρόνια να κάμη εδώ εις την Μακεδονία την προπαγάνδα του και βλέποντας πως του ήτο αδύνατο ν' αποτραβήξη τον σλαβόφωνο που ήταν προσηλωμένος στο ελληνικό Πατριαρχείο εδημιούργησε το περίφημο βουλγαρικό σχίσμα. Και αμέσως διακήρυξε ότι σκοπός του ήταν να φύγη ο Τούρκος από την μακεδονική γη και γενικότερα από τα Βαλκάνια. Έκαμαν φοβερή εκμετάλευσι της Χριστιανικής ιδέας. Συνθήματα επέταξαν χριστιανικά κατά του τυράνου. Έτσι προς παραπλάνησι του κόσμου στην αρχή δεν θέλησαν να κάμουν διάκρισι μεταξύ βουλγάρων και ελλήνων. Ενωμένους όλους ήθελαν να ξεσηκώσουν με τον απώτερο σκοπό να πάρουν οριστικά τον αγώνα στα χέρια τους ώστε στη κατάλληλη ευκαιρία να κηρύξουν το βουλγαρικό εθνικό ξεσήκωμα. Δυστυχώς στα δελεαστικά εκείνα κηρύγματα ήκουσον μερικοί καλοί χριστιανοί χωρικοί έλληνες και στην περίφημη εκείνη επανάστασι του 1903 έλαβον μέρος μαζί των για να πέση απάνω τους πιο βαρειά η εκδίκησι του Τούρκου. Μα αμέσως αποκαλύφτηκαν οι σκοποί των βουλγάρων και πριν καλά ανθίσει το ύποπτο εκείνο άνθος της κουτοπόνηρης σλαβικής προπαγάνδας αποτραβήχτηκαν αρχίζοντας ένα τρομερό αγώνα εναντίων των ανθρώπων αυτών. Οι Έλληνες αγωνίζονται πλέον να κρατήσουν ό,τι ζηλευτά μας κληρονόμησαν οι παλαιοί μας, και οι βούλγαροι να καταπνίξουν και εξαφανίσουν κάθε τι το Ελληνικό. Έτσι στη Μακεδονία βρήκαν στήθια γενναία, ακλόνητα και αποφασιστικά που όχι μονάχα τους απογύμνωσαν εις την τακτική τους, αλλά και τους σκόρπισαν...

Αργότερα...

Ό,τι η επίσημη βουλγαρία δεν κατώρθωσε να πραγματοποιήση με τους μετέπειτα κομιτατζήδικους αγώνες της ήθελησε να το κάμη με τη προσχώρησί της εις το Γερμανικό άρμα του πρώτου Ευρωπαϊκού πολέμου, κατωρθώσα να καταλάβη για λίγο καιρό την εκλεκτή μας Ανατολική Μακεδονία. Έσφαξε, έκαψε και τότε όπως σήμερα και επεχείρησε να σκορπίση και εξαφανίση τον Ελληνισμό.

Και η πρόσφατη ιστορία της αιωνίας βουλγαρικής νοοτροπίας της αρπαγής και καταστροφής συνεχίζεται κατά τον τελευταίο πάλι Ευρωπαϊκό πόλεμο ότε και πάλι τοποθετεί τα όνειρά της κοντά εις τον περίφημο Άξονα ο οποίος της υποσχέθηκε την μεγάλη βουλγαρία. Τραγική όμως μοίρα πρέπει πάντα ν' ακολουθή το αιμοβόρο τούτο έθνος. Οι άδικες αυτές επεκτάσεις πάντα εις την ιστορία του ήταν για λίγες βδομάδες, λίγους μήνες, ολίγα χρόνια. Ο τελευταίος πόλεμος και πάλι τους διαψεύδει. Χάνουν το παιχνίδι των, δεν χάνουν όμως το θάρρος των. Και σε πλήρη ακμή των Γερμανών εις το Στάλιγκρατ, πριν ή αρχίσει η διαρροή ο κομιτατζής βούλγαρος τροφοδοτεί τους φίλους του με την ξεπερασμένη προπαγάνδα. Παρηγορεί τον ανοήτως δηλωθέντα χωρικόν μερικών χωρίων της βορείου επαρχίας μας, ότι οπωσδήποτε είτε χάσουν οι Γερμανοί είτε τον κερδίσουν τον πόλεμον πρέπει να μη απελπίζωνται διότι η... Ρωσία είναι μαζί των. Με αυτά τα όνειρα και αυτές τις σαθρές πάντοτε δικαιολογίες η προπαγάνδα του βουλγάρου συνεχίζεται και έφθασε εις την διακήρυξι των δικαίων του σλαβομακεδονικού έθνους. Αυτοί είναι οι γνωστοί βούλγαροι, της γνωστής φασιστικής νοοτροπίας άνθρωποι που με κάθε τρόπον θεμιτό ή όχι, σοβαρό ή και ανόητο εννοούν να επιβάλουν τις ιδέες των. Και ουδέν ανοητότερον και αφελέστερον ανθρώπου που θέλει να παρουσιάση τον εαυτό του αρνητήν της πατρίδος του, των αγρίων προσφάτων του αγώνων και να διακηρύξη δήθεν εις τον κόσμο τον σεβασμό μιας σλαβομακεδονικής εθνότητος ακριβώς εκείνης δια την οποίαν άλλοτε τόσο αίμα και μελάνι και χρυσό διέθεσε προπαγανδίζοντας τότε ότι ο κόσμος αυτός δεν ήτο σλοβομακεδόνας, αλλά...βούλγαρος.

Σλαβικές Προσπάθειες

Τώρα που η επίσημη βουλγαρία απέτυχε οικτρά με την διπλωματία της με την συμμετοχή της εις τον Άξονα σιωπά μεν, αλλά ενισχύει από την άλλη πλευρά την προπαγάνδα των σλαβομακεδόνων με τα πιο επίλεκτα και μαχητικά στελέχη των κομιτατζήδων για μια επέκτασι προς τας ιδικάς μας επαρχίας. Μόνον σαν αφέλεια ή κουταμάρα μπορεί να χαρακτηρίση κανείς την κίνησι αυτή. Διότι θα πρέπει να γίνη πλέον αντιληπτό ότι δεν μπορεί να θίγεται μια χώρα νικητών, μια χώρα γεμάτη πολιτισμό και λαμπρή ιστορία. Όταν η χώρα αυτή κάποτε εκινδύνευσε στο παρελθόν από παραπλήσιες βαρβαρικές επιδρομές εσήκωσε ψηλά το μικρό της ανάστημα και έσωσε την ανθρωπότητα. Η χώρα είναι πάλι η ίδια που πριν από λίγα χρόνια έδινε τον τόνο της αποκαλύψεως μερικών θρασύδηλων δικτατόρων.

Η χώρα αυτή και πάλι θα σταθεί εμπόδιο όπως τόσους αιώνες στα σατανικά σχέδια των σλαβομακεδόνων που δεν είναι άλλοι παρά οι ίδιοι αντίπαλοι άλλων καιρών. Δεν θα υποχωρήση εις τον αφανισμό της. Ολόρθος θα υψωθή ο Ελληνισμός μπροστά εις την απειλή αυτή όπως γνωρίζει να ορθώνεται εις τις ανάλογες περιπτώσεις. Πάντα όταν την έθιξαν αδικαιολόγητα έδειξε ότι ήταν η δυνατότερη. Το αποδείχνει η μεγάλη της ιστορία η παλαιά και η πρόσφατη. Ο Ελληνισμός ήταν και θα είναι η ηγεσία εις τα Βαλκάνια.

Και τώρα ας δούμε ένα τμήμα του περίφημου σλαβομακεδονικού κράτους που ενδιαφέρει σαν ασφάλεια εμάς τους Έλληνες περισσότερο. Ας εξετάσουμε την σύνθεσι του πληθυσμού και δεχόμεθα εάν έχουν αντίθετα στοιχεία να συμφωνήσουμε. Διότι εάν αυτοί ζητούν το κράτος του Αιγαίου των που είναι μία σαπουνόφουσκα προπαγάνδας εμείς ελέγχοντας την σύνθεσι του πληθυσμού του περίεργου αυτού κράτους ισχυριζόμεθα ότι όλως αντίθετα εμείς είμεθα εκείνοι οι οποίοι πρέπει να προκαλέσωμε ζήτημα δια τας περιφερείας του Μοναστηρίου που αδίκως και πάντα νόμον ηθικό ή και συμφωνίαν περί αυτοδιαθέσεως των λαών κατέχουν σήμερα.

Στο σύνολό τους οι δύο νομοί του Μοναστηρίου και Σκοπίων αριθμούν περί τους 1.400.000 κατοίκους από τους οποίους οι 450.000 είναι Αλβανοί και 350.000 Πατριαρχικοί, δηλαδή έλληνες σλαβόφωνοι και Κουτσοβλάχοι. Και ακόμη πιο συγκεκριμένα. Το τμήμα που αποτελεί την βορείαν ασφάλειαν των συνόρων μας όπως εις την περιοχή της Πρέσπας τα χωριά της Φλωρίνης μέχρι των πηγών του ποταμού Εριγώνος (Τσέρνα), χωριά του ελληνικοτάτου Μοριχόβου, Περλεπέ και Κρουσόβου αποτελείται από 200 περίπου σλαβόφωνα χωριά εκ των οποίων τα 50 δεν είναι σλαβόφωνα διότι είναι Αλβανόφωνα-Τουρκόφωνα-Ελληνόφωνα-Κουτσοβλάχικα. Τα υπόλοιπα 150 όλα μικρά χωριουδάκια με αριθμό σπιτιών από 5-100. Ενώ τα ελληνικά Βλαχόφωνα χωριά είναι κατά πολύ πολυπληθέστερα γιατί είναι μεγάλες κωμοπόλεις όπως το Τύρνοβον και Μεγάρεβον, Κρούσοβον, Γόπες, Πιλόβιστα κλπ.

Από τα 150 πάλι σλαβόφωνα χωριά τα 50 είναι Πατριαρχικοί, συνταυτισμένα δηλαδή με την Ελληνική ιδέα και μόνον τα 50 άλλα είναι βουλγαρίζοντες σχισματικοί.

Ώστε στο Μοναστήρι και την περιοχή του οπωσδήποτε κρατεί και σήμερα ξενικό στοιχείο και αντίθετο με το στοιχείο του κράτους των σλαβομακεδόνων. Σε είκοσι εξ χωριά του Μοριχόβου κυριαρχεί πλατύτατα η ελληνική ψυχή. Αφού οι σέρβοι και προ του πολέμου και τώρα ονομάζουν όλην την περιφέρειαν Έλληνες (Γκάρτσιτε).

Και παρά κάτω παραθέτω στατιστικές Ελληνικές, Βουλγαρικές και Τουρκικές της εποχής της Τουρκοκρατίας δια την περιφέρειαν Μοναστηρίου, που έγιναν κατά περίεργη σύμπτωσι δια το βόρειο εκείνο τμήμα που αποτελεί σήμερα την ασφάλεια του κράτους μας.

Τουρκική	Σχισματικοί	Πατριαρχικοί
Καζάς μοναστηρίου	48085	56112
Περλεπέ	40770	5500
Βουλγαρική		
Μοναστηρίου	48120	13157
Περλεπέ	29533	11830
Ελληνική		
Μοναστηρίου	44316	52731
Περλεπέ	22590	4731

Και μία άλλη των περιφερειών Μοριχόβου, Μοναστηρίου, Περλεπέ, Πρέσπας, Αχρίδος, μετά του τουρκικού στοιχείου

	Μωαμεθ.	Πατριαρχικοί	Σχισματικοί
Μοναστηρίου	22.800	33.545	11.415
Περλεπέ	6.000	405	20.894
Μοριχόβου	-------	4.670	2.400
Πρέσπας Αχρίδος	8.950	22.625	31.725

Γ. Θ. Μόδης
ca. 1946

Μειονοτηεσ Μακεδονιασ

«Δεν θα τη πάρουν ώ, ποτέ την γη των Μακεδόνων
Την γην αυτήν την ιεράν, το χάρμα των αιώνων.
Δεν θα την πάρουν Βούλγαροι»

Ο μέγας πόλεμος ανεζωογόνησε και ανεπτέρωσεν το Εθνικόν φρόνημα το οποίον εξηφανισμένον επί αιώνας ολοκλήρους εις πολλά Έθνη επερίμενε την πλήρη Εθνικήν ανεξαρτησίαν.

Κροάται, Σλοβένοι, Λεττωνοί, Τσέχοι, Λιθουανοί κ.λ.π. όλοι απήτησαν και επέτυχον πλήρη ελευθερίαν και ως ανεξαρτησίαν από παντός εξωτερικού ελέγχου.

Κατά το έτος 1919 ο Πρόεδρος Ουίλσον διεκήρυξε και μετ' ου πολύ απεκρυστάλλωνε τας ροπάς ταύτας δια της λέξεως «Αυτοδιάθεσις». Η αυτοδιάθεσις αύτη εζητήθη να εκμεταλευθή υπό λαών ελευθέρων εις βάρος άλλων εν οις δεν υπήρχε ουδείς λόγος διότι αργότερον ήδη ερρυθμίζοντο όλα τα ζητήματα εκάστης χώρας δια ιδίων εκουσίων συνθηκών. Ζωηροτέραν μορφήν ηθέλησαν να προσδώσωσιν οι Βούλγαροι σχετικώς με την Μακεδονίαν εις το ζήτημα της αυτοδιαθέσεως δια των διαφόρων των εξωτερικών και δια κομιτατζιδικών δράσεων. Όχι μόνον μετά τον Βαλκανικόν πόλεμον και τον Ευρωπαϊκόν πόλεμον, μειονότητες εν Μακεδονία δεν υπήρξαν, αλλά και πολύ προ πολλού δεν επιτρέπηται να αναγνωρίσωμεν ότι υπήρξαν, ως θα εξετάσωμεν κατωτέρω.

Κατόπιν της συνθήκης των Βερσαλλιών και των μεταγενεστέρων συνθηκών δι' ων επεκράτησε η θεωρία της αυτοδιαθέσεως των λαών κάπως-κάπως, λέγω δε κάπως διότι κάθε άλλο αποτελεί από αυτοδιάθεσιν η σκληρά και υποχρεωτική απομάκρυνσις μιας ολοκλήρου Μικρασιατικής Ελλάδος από της εστίας της όπου προ χιλιάδων χρόνων τους εστερέωνε η Μακεδονική φάλαγξ, δεν πρέπει να γίνεται λόγος περί μειονοτήτων εν Μακεδονία και δη εν τη Ελληνική.

Η υποχρεωτική εκείνη ανταλλαγή εκατομμυρίων πληθυσμού και απομάκρυνσις από τα πατρικά εδάφη με τα οποία τους συνδέουν όχι μόνο κοινοί πόθοι, αλλά και ιστορία ζωντανή, ιστορία μεγαλείων και τροπαίων των Μακεδονικών και Βυζαντινών φαλάγγων ίσως θα αποτελέση το στίγμα δια την διεθνή ιστορία του δικαίου ως και δι' όλην την ανθρωπότητα, πλην όμως θα στερεώση την πεποίθησιν όλων ότι η Μακεδονία, κατοικείται κατά 90% υπό καθαρού Ελληνικού πληθυσμού ως τούτο εβεβαίωσε επισήμως ο αξιότιμος πρόεδρος της Επιτροπής Αποκαταστάσεως Προσφύγων κ. Χάουλαντ.

Αντιθέτως η εκουσία ανταλλαγή η εφαρμοσθείσα τόσον επιτυχώς, μεταξύ Ελλήνων και Βουλγάρων θα αποτελέση το πρώτο βήμα δια την συνεννόησιν των λαών. Η εκουσία μετανάστευσις τεθείσα εν ισχύει από του Νοεμβρίου του 1920 και υπό την αιγίδα της Κ.Τ.Ε. θ' αποτελέσει την καλλιτέραν εγγύησιν δια την ισορροπίαν αμφοτέρων των λαών. Αν πρέπει να καυχάται η Κ.Τ.Ε. ως και η Ελληνική Διπλωματία είναι διότι εγένετο τόσον επιτυχώς η συμφωνία αύτη. Και δια τούτο ακριβώς όχι μόνον αύτη πρέπει να θέσει τέρμα πλέον εις τας διαφόρους επαγγελίας του Βουλγαρικού Μακεδονικού Κομιτάτου λειτουργούντος ανοχή των επισήμων Βουλγαρικών αρχών, αλλά και αυτή αύτη η επίσημος δήλωσις του κ. Χάουλαντ, όστις ξένος και προ παντός με κάθε Μακεδονικήν κίνησιν έπρεπε να ίδη 1,5 εκατομμύριον προσφύγων αποκαθισταμένον εν Μακεδονία δια να πεισθή και διαλαλήσει επισήμως παρά τη Κ.Τ.Ε. την Ελληνικότητα της Μακεδονίας. Ημείς όμως οίτοινες εζήσαμεν με την Μακεδονική ψυχή εις τους χαλεπωτέρους χρόνους δια την Μακεδονίαν δεν διστάζομεν να διακηρύξωμεν ότι και πριν ή προβεί ο κ. Χάουλαντ εις τας δηλώσεις ταύτας ζήτημα δια την Ελληνικότητα της Μακεδονίας δεν υπήρχε συμφώνως με τας απαιτήσεις των κανόνων του Διεθνούς Δικαίου.

Δεν υπάρχουσι εν Μακεδονία μεινότητες σλαυικαί την πλειοψηφίαν, ώστε εν τινι επαρχία αι μειονότητες αύται να απολαύσωσιν την εδαφικήν ή πολιτικήν αυτονομίαν. Και εν αυταίς ταις επαρχίαις της Δυτ. Μακεδονίας όπου άλλος τε θα αντέτεινε ότι υπήρχε συμπαγής σλαυική μάζα δεν επιτρέπεται να παραδεχθώμεν ότι δέον

Μειονότητες Μακεδονίας 85

να παραχωρηθή ποιά τις αυτονομία ή και δικαιώματα απορρέοντα εκ των Συνθηκών των μειονοτήτων, διότι εμεσολάβησαν ήδη μεταπολεμικώς συνθήκαι αίτινες άρδην μετέβαλον την Εθνικήν συνείδησιν κατά την σύγχρονον προ παντός εξέλιξιν του ανθρωπίνου πνεύματος το οποίον εξαντλημένον ζητεί μίαν οιανδήποτε ειρήνευσιν, αλλά και διότι είναι τελείως ακαθώριστος η μάζα αύτη μη δυναμένη να θεωρηθή υφ' ουδενός σλαυικού Έθνους συγγενής ως μη αριθμούσα μακροχρόνιον ζωήν είτε ως οντότης και αυθεντία.

Εν Μακεδονία πλέον δεν είναι δυνατόν να γίνεται λόγος περί προστασίας διαφόρων μειονοτήτων. Αν υπάρχουν τόσοι ολίγοι που ούτε εις τα δάκτυλα της μιας χειρός αριθμούνται εις εκάστην πόλιν της Μακεδονίας, φανατισμένοι με το δηλητήριον της προπαγάνδας δεν δύνανται ούτοι να υπολογισθώσιν ώστε να τοις παραχωρηθή προστασία προβλεπομένη υπό των συνθηκών περί προστασίας των μειονοτήτων. Διότι αι τελευταίαι συνθήκαι εκκαθάρισαν τελείως τον Μακεδονικόν ορίζοντα. Κατά τους πίνακες στατιστικούς που παρατίθενται εις το τέλος, ευγενώς παραχωρηθέντας μοι υπό της αρμοδίας υπηρεσίας του Υπουργείου Εξωτερικών, καταφαίνεται επαρκώς ο αριθμός των εκ Μακεδονίας αναχωρησάντων γενικώς εις Βουλγαρίαν και των εκείθεν αφιχθέντων Ελλήνων.

Επομένως εάν πιστεύσωμεν αυτάς ταύτας τας Βουλγαρικάς πληροφορίας των εφημερίδων παρατηρούμε ότι τεράστιος αριθμός εγκατέλειψε την Μακεδονίαν από πολλού χρόνου, από του καιρού ακριβώς καθ' ον εφανατίζοντο οι βουλγαρίζοντες Μακεδόνες εις την βουλγαρικήν ιδέαν, και εγκατεστάθησαν εν Βουλγαρία, ώστε και εάν πέντε κάτοικοι τυχόν παρέμειναν κατόπιν των αλλεπαλλήλων μεταναστεύσεων έστω και δέκα εις εκάστην πόλιν να μην υποχρεούμεθα να τοις παράσχομεν εκκλησίας και σχολεία. Καίτοι οι ίδιοι εάν υποτεθεί ότι υπάρχουν όταν τοις προσεφέρθησαν σχολεία το 1925 ηρνήθησαν την ίδρυσιν τούτων.

Εάν σήμερον κατόπιν τόσων γεγονότων άτινα ετάραξαν εκ βάθρων τα κράτη και τας κοινωνικάς συνθήκας δια του ειρηνιστικού πνεύματος όπερ διέπει τα πάντα, εάν περιορίζεται και εις τα σχολεία δεν διδάσκεται πλέον μετά φανατισμού η ιστορία των κρατών, η σύγχρονος γενεά δεν θέλει να γίνηται λόγος περί δημιουργίας ζητήματος μειονοτήτων. Διότι εν τη ιδέα ταύτη εκκολάπτεται μετά φανατισμού ο πατριωτισμός υπό την αιμοβόρον άποψιν και διότι εν Μακεδονία ο σλαυόφωνος χωρικός του οποίου αγρίως εξεμεταλεύθη το όνομα η Βουλγαρική προπαγάνδα εκουράσθη από τους μάταιους αγώνας του, πεισθείς εν τέλει ότι πάντοτε έπιπτε θύμα των κομιτατζηδικών ορέξεων. Πάντες οι φρόνημοι των σλαυοφώνων οίτινες και παρέμειναν εν Μακεδονία από της απελευθερώσεως του 1912 ηθέλησαν ν' αγνοήσουν τους τραχείς αγώνας οι οποίοι τους είχον χωρίσει εις δύο αντιμαχόμενα στρατόπεδα. Ο τελευταίος μάλιστα πόλεμος αρκούντως ελάξευσε τας ενθουσιώδεις αυτάς ιδέας δια των συνοριακών μεταβολών των Κρατών και των συνθηκών ούτως ώστε να εκλείψη πάσα δικαιολογία προς διαρρύθμησιν των εκασταχού καθεστώτων.

Αλλ' ας φαντασθώμεν ότι αι τυχόν μειονότητες της Ελλάδος δεν θα ετόλμων να διαμαρτυρηθώσιν δια την μη καλήν συμβίωσίν των διατί να δειλιάσουν όταν θα επληροφορούντο –και περί τούτου είναι καλώς πληροφορημένοι– ότι υπάρχει η εγγύησις της Κ.Τ.Ε.

Διότι λαός όστις έχει ζωτικότητα και κοινούς πόθους, λαός όστις έχει το συναίσθημα της θέσεώς του όπως θέλουν να τον παρουσιάζουν οι Βούλγαροι ή οι Σέρβοι, δεν έπρεπε να δειλιάση προ τοιούτων εγγυήσεων να ζητήσει τα δίκαιά του! Άλλως τε οι αμόρφωτοι σλαυόφωνοι της Μακεδονίας χωρικοί δεν έχουν ορισμένην πολιτικήν ή κοινωνικήν κατεύθυνσιν και ότι έδει ν' αποδείξει δι' οριστικής εκπολιτιστικής εργασίας πραγματικήν ικανότητα ηθικήν και εθνικήν δια να αποκρυσταλλώσει ορισμένην κατεύθυνσιν.

Μέχρι τούδε ούτε επίσημον τινα διαμαρτυρίαν είδομεν, διότι άπαντες οι παλαιοί αγωνισταί του Μακεδονικού αγώνος βούλγαροι αισθανθέντες την πλάνην των κατέθεσαν τα όπλα και ο καθείς συνεταύτησε την τύχην των με το κράτος που διεδέχθη την Τουρκικήν Αυτοκρατορίαν.

Αι εκάστοτε όμως κυβερνήσεις των γειτονικών χωρών προς σκοπούς εκβιαστικούς της Ευρωπαϊκής γνώμης μετήρχοντο άλλοτε παν μέσον όπως διαλαλήσωσιν τα των ομοφύλων των δίκαια. Ούτω ενώ η Ελλάς δια των τελευταίων επωνυδίστων συνθηκών κατεδικάσθη εις την απώλειαν Ελληνικωτάτων περιφερειών όπως την περιφέρειαν Μοναστηρίου, Στρωμνίτσης, κ.λ.π. έφθασε εις το σημείον να κατηγορηθή ότι καταπιέζει τους ξένους προς αυτήν πληθυσμούς. Ποίους; Τους υπηκόους της οίτινες έχουν καθαρωτάτην Ελληνικήν συνείδησιν;

Εκ της όλης Μακεδονίας η άκρη της Βοριοδυτικής και προ πάντων η περιοχή του Ελληνικοτάτου Μοναστηρίου, η περιοχή αυτή με τα Ελληνικότατα χωρία εστάθησεν άτυχη εις το ζήτημα των δικαίων της.

Δεν είμεθα όμως μακράν των Βαλκανικών πολέμων. Η γενομένη υποδοχή του τότε διαδόχου Κωνσταντίνου μεταβαίνοντος εις Β. Ήπειρον όσον και του τότε προέδρου κ. Βενιζέλου υπήρξε πρωτοφανής. Τοιούτων λαμπρών υποδοχών δεν έτυχον όχι μόνον οι αργώτερον επισκευθέντες αντιβασιλεύς Αλέξανδρος και πρόεδρος κ. Πάσιτς κατά την άφιξη των οποίων παρέστησαν μόνον αι αρχαί καί τινες περίεργοι, αλλά και ο πλέον δημοφιλής Κυβερνήτης.

Ενθυμούμαι.

Μια πρωία του Ιουλίου αντίκρυσαν τον κ. πρόεδρο εις το εξοχικόν καφενείον «Τέρψη». Και ως δια μαγείας η άφιξη του προέδρου της Ελλην. Κυβέρνησεως εγένετο εις ολίγα λεπτά της ώρας γνωστή ανά την πόλιν. Οι περισσότερον θερμόαιμοι έτρεχον εις την αγοράν και τας Ελληνικάς συνοικίας κραυγάζοντες.

—Ήλθε, ήλθε ο Βενιζέλος. Όλοι στην «Τέρψη».

Εις ελάχιστον χρονικόν διάστημα ένας όγκος περιτριγύριζε την «Τέρψη».

—Ελευθερία, ελευθερία να μας φέρεις.

Εδέχθει κατόπιν μάν επιτροπήν και μας υπέμνησε ότι ευρισκόμεθα εις Σερβικόν κράτος. Αι ζητοκραυγαί όμως υπέρ αυτού και της Ελλάδος δεν έπαυσαν καθ' όλον το διάστημα. Η εικών εκείνη του αυθορμήτου συλλαλητηρίου έδιδε την εντύπωσιν εις έναν ξένον ότι ευρίσκεται επί Ελληνικού εδάφους.

Όταν πάλιν επανήλθε μετά δύο εβδομάδες τον επερίμενε αποθέωσις. Όλοι οι μαθηταί, αι μαθήτριαι, αι δύο Φιλαρμονικαί, γέροι, νέοι, γυναίκες, παιδιά είχαν καταλλήλως παραταχθεί προ των οδών δι' ων θα διήρχετο. Δια να τον απολαύσουν καλλίτερα τον υποχρέωσαν να περπατήσει. Καθ' όλην την ημέραν εις το Μοναστήριον αληθινός λαϊκός Συναγερμός. Και αυτοί οι Βούλγαροι δεν έμειναν αφανείς προ της τοιαύτης φρενήτιδος.

Πλείστοι παρέμεινον μέχρι των πρωινών ωρών. Διακαή πόθον είχον ν' ακούσουν από του στόματός του το χαρμόσυνο άγγελμα της Ελευθερίας των. Μνημειώδης θα μείνει η υποδοχή εκείνη εις τα χρονικά του Ελληνικού προθυπουργού.

Πλην όμως την επομένην όλος αυτός ο ενθουσιασμός εκδηλητηριάσθει υπ' αυτού του προέδρου, όταν δακρύων συνιστούσε παρηγορίαν εις τους ενθουσιώδεις Μοανστηριώτες και την εκουσίαν μετανάστευσιν εις Φλώρινα όπου τοις υπέσχετο να ιδρύσει εν νέον Μαναστήριον.

Ευτυχώς ο τότε πρόεδρος έσχε την έμνευσιν να αναγγείλει το θλιβερόν τούτο άγγελμα την επομένην· διότι ασφαλώς τα άνθη με τα οποία έρρενον αυτόν θα ήταν πέτρες δια να τον λιθοβολήσουν.

Το μίσος δε των Μοναστηριωτών είναι τόσον μεγάλο εναντίον του, που οι εν Ελλάδι Μοναστηριώτες το θεωρούν ζήτημα τιμής να αντιπολιτεύονται το κ. Βενιζέλον και το κόμμα του. Υπάρχει θρύλος όστις θα διαιωνισθεί ότι «ο Βενιζέλος παρέδωσε το Μοναστήρι».

Οι Πληθυσμοί λοιοπόν αυτοί έζων με τα σχολεία των τα μεγαλοπρεπή, τας εκκλησίας των, τα νοσοκομεία, τας κοινότητας προσεφέροντες εις κάθε Ελληνικήν κίνησιν χρήμα και αίμα. Όταν όμως με τας πρώτας φθινοπωρινάς πυράς του 1912 είδον να καταρρέουν όλα τα όνειρα των με την κατάληψιν της περιοχής των υπό των Σέρβων έπνιξαν τους λυγμούς των και αποφάσισαν οι περισσότεροι να εκπατρισθούν, όλως εκουσίως, άνευ όρων, άνευ συνθηκών και να έλθουν εις την μητέρα Ελλάδα ήτις δεν απείχε παρά χιλιόμετρα τινά.

Και ενώ τοις απεσπάσθησαν υπό των συμμάχων Σέρβων, τα σχολεία των, τα πάντα και αυτό το Προξενείο, ο τελευταίος Ελληνικός φάρος επέπρωτο οι άνθρωποι αυτοί να χάσουν και την εκκλησίαν των δια την οποίαν ηγωνίσθησαν επί τόσας δεκαετηρίδας. Οι Ελληνικότατοι αυτοί πληθυσμοί ούτε καν στην ελαχίστην διαμαρτυρίαν προέβησαν.

Αν λοιπόν αυτός ο λαός, του οποίου το θάρρος και η τόλμη κατά τον Μακεδονικόν αγώνα υπήρξε παραδειγματική, έχει σιωπήσει και προσπαθεί να συμμορφωθεί είτε και ίσως πιέζεται υπό του ξένου προς αυτό καθεστώτος διατί θέλουν να δημιουργούν οι γείτονές μας θορύβους γύρω από τους χωρικούς της Ελλην. Μακεδονίας αποκαλούντες οι μεν Βούλγαρους οι δε Σέρβους;

Κατωτέρω θα ανατρέξωμεν ολίγον εμπρός, ολίγους αιώνας ενωρίτερον και θα ίδωμεν κατά πόσον οι πληθυσμοί ούτοι της Μακεδονίας με το πρώτυπο ιδίωμά των έχουν ριζικήν τινά σχέσιν με τους Βουλγάρους ή Σέρβους. Πρέπει να δώσωμεν μίαν αμυδράν εικόνα κατά το δυνατόν της ιστορικής προελεύσεως των γειτόνων

Μειονότητες Μακεδονίας 89

μας δια να κατορθώσωμεν εν τέλει να συναγάγωμεν τα συμπεράσματά μας, όσον αφορά τας απαιτήσεις των επί της Μακεδονίας.

Σέρβοι

Λαός σλαυικός. Κατ' αρχήν φαίνονται κατά τον 7ον αιώνα ως σύμμαχοι των Βυζαντινών αυτοκρατόρων. Η κλασσική όμως ανεπάρκεια τών τε κληρικών οίτινες ήθελον να διευθύνουν τα πράγματα και ενίοτε τινών αυτοκρατόρων τοις χαρίζει πλείστον μέρος της Μακεδονίας με τάσεις κατακτητικάς προς νότον. Η υπουλότης αύτη κατεφάνη πολύ ενωρίς δι' ο εξυπνήσαντες οι Βυζαντινοί από τον λήθαργον έσπευσαν και τους εθεώρησαν επιδρομείς εκστρατεύσαντες πολλάκις κατ' αυτών.

Αργότερον επηκολούθησαν αγώνες μεταξύ Βυζαντινών και Σέρβων δια των οποίων οι δεύτεροι επιδίωκον κατάκτησιν της Βυζαντινής αυτοκρατορίας και ενθρόνησιν Σλαύου αυτοκράτορος και Πατριάρχου εν Κωνσταντινουπόλει. Εις τους αγώνας τούτους οίτινες ουδόλως διέφερον των ληστρικών αναφαίνονται πολλοί ήρωες των Σέρβων ους πολύ καταλλήλως ο σύγχρονος Σωβινισμός των γειτόνων μας δι' αποτέρους σκοπούς εθεοποίησε, όπως τον Μάρκο Κράλε, Τσάρα Ντουσάν κ.λ.π. Οι Σέρβοι είναι λαός πολύ ξένος προς την Μακεδονίαν ολόκληρον. Τούτους τους βλέπομεν υπό τον Τουρκικόν ζυγόν αφ' ης κατέρρευσε η Βυζαντινή αυτοκρατορία και ο κατακτητής έφθανε προ των πυλών της Βιέννης. Η αυτονομία της Σερβίας ηγγυήθη δια της Συνθήκης των Παρισίων και το έτος 1878 ως σύμμαχος πλέον της Ρωσσίας επιτυγχάνει δια της Συνθήκης του Αγίου Στεφάνου και αργώτερον της του Βερολίνου ιδίου έτους να γίνη Ηγεμονία μέχρι του 1882 οπότε μόλις γίνεται Βασίλειον.

Τους Σέρβους κατά τον Μακεδονικόν αγώνα δεν συναντώμε τόσον ζωηρώς να διεκδικούν τους πληθυσμούς της Μακεδονίας όπως αι δύο άλλαι μερίδες Έλληνες και Βούλγαροι.

Τελευταίως εν Μοναστηρίω εις πληθυσμόν 85.000 κατοίκων εφάνησαν με σχολείον τι εις το οποίον υπήρχον περί τους είκοσι μαθηταί, εσωτερικοί περισυλλεγμένοι εκ της φτωχολογίας του Μοναστηρίου και τινες διδάσκαλοι στρατευθέντας από τους δυσαρεστημένους Βουλγάρους. Εκινούντο σπασμοδικότατα καθότι ούτε ψυχή Σερβική υπήρχε εν Μοναστηρίω ή τοις περιχώροις, εκτός ελαχίστων οίτινες υπήρχον εν Σκοπείοις. Εντεύθεν όμως του Μοναστηρίου, εν Φλωρίνη, Κοζάνη, Γρεβενά, κ.λ.π. ούτε ίχνος Σέρβου, δύναμαι μάλιστα να τονίσω ότι από το λεξιλόγιον των χωρικών των περιφερειών της λοιπής Ελληνικής Μακεδονίας είναι άγνωστος καθ' ολοκληρίαν η λέξις Σέρβος. Μόνον ο Βαλκανικός πόλεμος όστις υπήρξε δια την Σερβίαν απλούς περίπατος από των παλαιών των συνόρων μέχρι των Ελληνικοτάτων περιφερειών Μοναστηρίου και Στρωμνίτσης συμπεριλαμβανομένων τους καθιστά γνωστούς εν Μακεδονία.

Αυτή είναι η σύντομος ιστορική ανασκόπησις της προελεύσεως των Σέρβων οι οποίοι μίαν ωραίαν φθινοπωρινήν πρωίαν κατελάμβανον τα προπύργια του Ελληνισμού Μοναστήριον και Στρώμνιτσα.

Τώρα ποίοι οι αδελφοί; Ποίοι οι κοινοί δεσμοί; Ποίαι αι εθνότητες τας οποίας ήλθον ν' απολευθερώσουν; Εν πάσει όμως περιπτώσει οι συμπαθείς διπλωμάται της γείτονος δεν παρέλειπον άλλοτε συχνά να ομιλώσιν περί διακανονισμού των μειονοτήτων των εν Ελλάδι.

Ομολογούμεν ότι οι πρόγονοί των υπό την μαλακίαν των Βυζαντινών ελυμαίνοντο την Μακεδονίαν και λοιπήν Ελλάδα πολλάκις. Εκ τούτου όμως δεν πιστεύω οι γείτονές μας να θέλουν να καλέσωμεν οιονδήποτε επιδρομέα ή κομιτατζήν να τον αμνημηστεύσωμεν και τω παραχωρήσωμε τα περίφημα πλέον δικαιώματα περί προστασίας των μειονοτήτων των αδιαφορούντες αν οι άνθρωποι ούτοι αντιπροσωπεύουν τα άτομά των μόνον.

Αυτά είμαι βέβαιος ότι θα ήσαν αρκετά δια να διασκεδάσω τας φιλοδοξίας των ενδόξων απογόνων του Μάρκο Κράλε κ.λ.π.

Βούλγαροι

Οι Βούλγαροι λαός Τουρανικός παρομοιαζόμενος δια τας πολλάς του βαρβαρότητας προς τους Ούνους, Τατάρους και Τούρκους. Κατ' αρχάς τους αναφέρει η ιστορία ως ορμομομένους από τον Βόλγα, εξ ου και Βούλγαροι. Κατώκοισαν την Μοισίαν όπου συνεχρωτίσθησαν με λαούς σλαυικούς κατά τας αρχάς του πέμπτου αιώνος. Αι διάφοραι σημαντικαί παρενοχλήσεις, η τόλμη και η αγριότης των ανθρώπων αυτών κατέστησαν γνωστούς αυτούς εις την Βαλκανικήν ούτως ώστε να δημιουργήσουν μίαν εστίαν και υπ' αυτών των Βυζαντινών να κατορθώσουν να' αναγνωρισθώσιν. Τα φώτα ως γνωστόν εδανείσθησαν παρ' ημών των ιδίων μέσω των Ελλήνων μοναχών Κυρίλλου και Μεθοδίου αμφοτέρων διδαξάντων αυτοίς το αλφάβητον το 885 μ. Χ. εκλαϊκεύσαντες αυτοίς ούτω την Χριστιανικήν Θρησκείαν.

Ούτως έκτοτε οι Βούλγαροι παρουσιάζονται ως Έθνος με την θρησκευτικήν και την γλωσσικήν οντότητα. Εν τω μεταξύ εμεσολάβησαν μεταξύ αυτών και των Βυζαντινών τραχείς αγώνες κατορθώσαντες οι Βούλγαροι να κατέλθωσιν μέχρι του Σπερχειού όπου τους ανέμενε τραγικόν το τέλος, του βασιλέως μόνον Σαμουήλ διασωθέντος της αιματηράς εκείνης μάχης. Δέον να φαντασθώμεν τας επιδρομάς και καταστροφάς εναντίον των Βυζαντινών δια να πιστεύσωμεν την παραδειγματικήν και εξοντωτικήν τιμωρίαν του Βουλγαροκτόνου, ενός Βυζαντινού πολιτισμένου και όστις εις όλους τους πολέμους μεταξύ Αράβων και Βυζαντινών επεδείξατο απαράμυλλον γενναιοφροσύνην. Η εκτράχυνσις αύτη του Βασιλείου είναι αρκετή για να μας πείση ποίοι υπήρξαν οι αντίπαλοί του. Ο κατακτητής όμως Τούρκος θέτει τέρμα εις τας τοιαύτας παρενοχλήσεις και ούτω οι Βούλγαροι επί πολύ χρονικόν διάστημα δεν ακούγονται.

Περί τα τέλη όμως του 19ου αιώνος ότε η Ρωσσία εφιλοδόξησε να εκπληρώση την περίφημην διαθήκην του Μεγάλου Πέτρου μας τους παρουσιάζει εν τη Βαλκανική ως νεογνόν και κατόπιν ενός πολέμου κατά της Τουρκίας, δια της συνθήκης του Αγίου Στεφάνου, ευρύνει τα σύνορα της Βουλγαρίας περιλαμβάνοντα ολόκληρον την Μακεδονίαν. Ευτυχώς αμέσως επηκολούθησε η συνθήκη του Βερολίνου και διερράγει η μεγάλη αυτή πομφόλυγξ του Αγίου Στεφάνου. Η κίνησις όμως του Πανσλαυισμού παρ' όλην την αποτυχίαν τότε αρχίζει να λαμβάνει σάρκα και οστά.

Αι μεσολαβήσασαι δε ταραχαί εν Βατάκ της Βουλγαρίας και διάφοροι αγριότητες των Τούρκων κατά των Βουλγάρων κινούν την συμπάθειαν όλου του κόσμου και προ πάντων της Ρωσσίας η οποία κηρύσσει τον πόλεμον και πάλιν κατά της Τουρκίας 1878 εις ον και οφείλει η Βουλγαρία την απελευθέρωσιν.

Ως κράτος οργανώθη υπό την αιγίδα της Ρωσσίας. Μόλις δε τω 1908 κατόπιν του πραξικοπήματος της Ελληνικής Ανατολικής

Ρωμυλίας ην προσαρτά αναγνωρίζεται επισήμως Βασίλειον. Και προ της αναγνωρίσεως ταύτης η Βουλγαρία έδειξε μεγάλην ζωτικότητα. Η προσοχή της εστράφη ευθύς προς τη Μακεδονίαν. Τάγματα ολόκληρα εξαπέστειλε προς προπαγάνδαν και ρασοφόρους οίτινες ως σμύρναν και λίβανον έφερον υπό τα ράσα των βιβλία, χάρτας περιλαμβάνοντας εις την Βουλγαρίαν ολόκληρον την Μακεδονίαν, ως και φορτία χρυσού. Ανεγείροντο παντού μεγαλοπρεπείς εκκλησίαι, σχολεία εις αντιστάθμισμα των Ελληνικών τα οποία περί τα τέλη του 1908 ανήρχοντο εν Μακεδονία εις 1022, και των διδασκάλων και διδασκαλισσών ανερχομένων εις 1565 και μαθητάς και μαθήτριαι 63.782 απέναντι των νεοιδρυομένων βουλγαρικών σχολείων ανερχομένων εις 561, 875 διδασκάλους και 18.311 μαθητάς. ΟΙ αριθμοί βεβαίως ούτοι τότε ομίλουν πολύ ευγλώτως περί της μεγάλης υπεροχής του Ελληνισμού ολοκλήρου της Μακεδονίας περιλαμβανομένης και της Βορ. Μακεδονίας όπου πάντοτε οι Βούλγαροι υπερίσχυον αφ' ενός δια λόγους κληματολογικούς —διότι εις τας επιδρομάς τους ηυνόει το έδαφος— αλλά και εκ του ότι ουδένα αντιπερισπασμόν είχον εκ μέρους των Ελλήνων αμυνητών.

Τους αριθμούς λοιπόν τούτους οι Βούλγαροι μη δυνάμενοι να καταβάλωσιν άλλως πως επενόησαν τον σχηματισμόν ληστρικών συμμοριών προς επιδρομήν κατά των Ελληνικών χωρίων εναντίον των οποίων ώμοσαν την λεηλασίαν και καταστροφήν. Ούτως όμως εδίδετο αφορμή δια την αναγέννησιν της Ελληνικής αμύνης ήτις δια των αφοσιωμένων της έσωσε την Μακεδονίαν από τους όνυχας των δολοφόνων.

Την 28ην Μαΐου 1872, ιδρυομένης βουλγαρικής εξαρχίας εν Κωνσταντινουπόλει, δημιουργείται το σχίσμα μεταξύ βουλγαρικής εκκλησίας και του Πατριαρχείου αφ' ενός δι' αποφάσεως της Ιεράς Συνόδου ιδίας ημερομηνίας αναγνωρίζει ταύτην και αφ' ετέρου δι' αυτοκρατορικού φιρμανίου δι' ου επιτρέπετο διορισμός Βουλγάρου Επισκόπου, η ίδρυσις σχολείων και η αναγνώρισις ως Βουλγαρικών των επαρχιών εκείνων εν αις τα 2/3 του πληθυσμού ήθελον ζητήσει τούτο.

Εις τας ενεργείας των όμως γενικώς οι Βούλγαροι εύρον μεγάλην αντίστασιν εκ μέρους των Ελλήνων ως προς τον χωρισμόν εκ των πατριαρχείων, διότι ο Μακεδών χωρικός δεν επείθετο εύκολα εις τας απατηλάς των Βουλγάρων ταύτας υποσχέσεις, απόβλέπων μετ' ευλαβείας θεϊκής προς το Πατριαρχείον όπερ πλείστας όσας φοράς τον έσωσεν από τας αυθαιρεσίας του Τούρκου Τυράννου. Παρ' όλα ταύτα όμως οι Βούλγαροι δεν εγκαταλείπουν τον αγώνα και εργάζονται ως να είχαν λαόν τελείως πρωτόγονον, αμόρφωτον, αστοιχείωτον.

Τας υποσχέσεις των δε ταύτας ασφαλώς ήκουε πολλάκις με μεγάλο ενδιαφέρον ο ραγιάς χωρικός της Μακεδονίας όστις κατά το πλείστον διετέλει είλως του Τούρκου Μπέη και υπόχρεως εις το να πληρώνη τους βαρυτάτους χρόνιους φόρους.

Ο πανούργος Βούλγαρος υπέσχετο ελυθερίαν από τον Τούρκο Μπέη, την απαλλοτρίωσιν των τσιφλικιών, ότι θα εσπούδαζε τα παιδιά των δωρεάν εις την Βουλγαρίαν ιατρούς, δικηγόρους, αξιωματικούς και ότι η Μεγάλη και Αγία Ρωσσία ήτο παρά το πλευρόν των. Ο χωρικός βεβίως δεν ήτο εις θέσιν να γνωρίζη τον κολοσσόν της Ρωσσικής αυτοκρατορίας, από απόψεως όμως θρησκευτικής είχε δημιουργηθή ασυνειδήτως η ιδέα παρ' εκάστω, μιας μεγάλης δυνάμεως η οποία θεία δυνάμει μίαν ημέραν ήθελε απολυτρώσει αυτούς από τα βάσανα του Τούρκου Αγά. Ήκουε το όνομα της Ρωσσίας και εσταυροκοπείτο ως να επρόκειτο περί Αγίου Τόπου.

Εις τας ενεργείας των έτι οι Βούλγαροι ήσαν και πολύ δημοκόποι. Όταν οι χωρικοί με τα γουρουνοτσάρουχα τα οποία επεχείρουν να τα εξάγουν όταν εισήρχοντο εις Μητρόπολιν ή Προξενείον έσπευδον και με γλυκύτατον ύφος τοις έλεγον.

—Μη φοβείσθε, πατείστε. Τα χαλιά αυτά είναι ιδικά σας.

Ο καθείς βέβαια αρκούντως θα είναι ικανός να προσέξει την ψυχολογημένην αυτήν χειρονομίαν και να εξαγάγει εν συμπέρασμα από τον αφελή κατά το πλείστον χαρακτήρα του Μακεδόνος χωρικού.

Οι Βούλγαροι πάντοτε οπισθοβούλως ειργάσθησαν. Προ ολίγων έτι ετών επίεσαν την Μικτήν επιτροπήν ίνα δια της επισίμου σφραγίδος καταδείξει την θέσιν των εν Ελλάδι και Βουλγαρία Μειονοτήτων. Τούτο πολύ κακώς κατά την γνώμη μου αντέκρουσε η Ελληνική Κυβέρνησις. Εν τούτοις η Επιτροπή προέβη εις κατάρτισιν και υποβολήν εκθέσεως παρά τη Κοινωνία των Εθνών, άνευ ερεύνης και απλώς επί τη βάσει φαίνεται στοιχείων προσκομισθέντων υπ' αυτών τούτων των Βουλγάρων. Μεταξύ πολλών οι κ.κ. Κορφ και Ρούβερ αναφέρουν βιούντας ελευθέρως και ανενωχλήτως —η καλωσύνη των!— εν τη Δυτ. Μακεδονία πολλαί χιλιάδες.

Εζήτησαν δε μίαν τοιαύτην έρευναν καθ' ην εποχήν διενέμοντο τα Τουρκικά κτήματα εφ' ων αυθαιρέτως πλείστοι όσοι γηγενείς εισήλθον γενόμενοι κύριοι. Οπότε δε και φυσικωτάτω τω λόγω εγείρονται δυσαρέσκειαι. Πολλά μάλιστα κρούσματα συμπλοκών μεταξύ προσφύγων και γηγενών εσημειώθησαν. Πολλά έλαβον χώραν εις τας περεμεθορίους χώρας όπου έσπειρε και τα σχετικά ζιζάνια η ξένη προπαγάνδα η οποία τοις υπεδείκνυε πάντοτε να επικαλώνται εν ανάγκη την Σερβικήν αρωγήν του Προξενείου Θεσσαλονίκης.

Τούτο δια να καταφανεί πλέον πως εργάζωνται οι γείτονοί μας και πως θέλουν να αλλάξουν πληθυσμούς και τους προσεταιρισθούν μηδεμίαν σχέσιν έχοντες προς αυτούς.

Ως προς την επίσημον δήλωσιν του Βουλγάρου αντιπροσώπου της Διεθνούς Συγκεντρώσεως εν Βαρσοβία των Συλλόγων της Κοινωνίας των Εθνών πρέπει να είμεθα ευχαριστημένοι. Ο Βούλγαρος αντιπρόσωπος θεωρεί το ζήτημα λελημμένον και εκφράζει εις την συνεδρίαν της 8ης Ιουλίου 1925 την εμπιστοσύνην του εις την Ελλάδα δια την πιστήν εφαρμογήν των εκ της συμβάσεως περί μειονοτήτων υποχρεώσεών της απέναντι των Βουλγαρικών, είπε και όχι σλαυοφώνων, ως κακώς ανεγράφει υπό της Κ.Ε. από τινος, μειονοτήτων.

Η δήλωσις αύτη όμως δεν δύναται να μας αποτρέψει από του να γελάσωμεν περιέχουσα βέβαια τόσον εύστοχον! διπλωματικότητα του Βουλγάρου διπλωμάτου. Παρ' Έλλησι ανέκαθεν τα δικαιώματα των πολιτών εσεβάσθησαν.

ΒΑΛΚΑΝΙΚΟΙ ΠΟΛΕΜΟΙ

Την 8ην Οκτωβρίου 1912 κηρύσει τον πόλεμον κατά της Τουρκίας το Μαυροβούνιον. Η Ελλάς, Βουλγαρία και Σερβία κηρύσουν τον πόλεμον κατά της Τουρκίας μια εβδομάδα αργότερον.

Ο Βαλκανικός πόλεμος εκπληρεί τα όνειρα της Βουλγαρίας. Η Βουλγαρική όμως απληστία δεν έχει όρια. Θέλει Θεσσαλονίκην, Μοναστήριον, κ.λ.π. Η μέθη της νίκης του πολέμου τους ετύφλωσε κυριολεκτικώς. Βεβαίως μεγάλη παραδοξολογία η οποία ολίγου δείν να στοιχίση την καταστροφήν της.

Η διαμόρφωσις των Βαλκανικών καθεστώτων εδημιούργησε δια μερικούς γείτονας εν νέον ανατολικόν ζήτημα το οποίο ήτο έτοιμον να μας παρουσιάση περισσοτέρας παραδοξολογίας αν οι βαλκανικοί πληθυσμοί δεν συνήρχοντο εκ της παραφοράς των προς επέκτασιν των συνόρων των και να καραδοκούν λοξοίς οφθαλμοίς αλλήλους. Από τα Βαλκανικά κράτη η Ελλάς ίσως είναι η περισσότερον ζημιωμένη και ως προς την μη εξασφάλισιν των φυσκών της ορίων και ως προς το ότι δεν περιέλαβε όλους τους Ελληνικούς πληθυσμούς της τους Ελληνικούς, χάνουσα μέρος της Ηπείρου, το Μοναστήριον με την Ελληνικοτάτην του περιοχήν, Στρώμνιτσαν κ.λ.π. Ευτυχώς όμως συνετώς πολιτευόμενοι οι Έλληνες διπλωμάται προ πολλού έχουν διακηρύξει ότι ουδεμίαν βλέψιν έχουν προς τα γείτονα κράτη. Εάν το ίδιον έπρατον και οι λοιποί αντιπρόσωποι των γειτονικών κρατών και έπαυαν τον άσκοπο θόρυβον ότι δήθεν πιέζονται αι μειονότητές των και επιδίδοντο εις ευγενή συναγωνισμόν, αποφεύγοντας τις εκατέρωθεν δυσαρεσκείας τότε και οι ολίγοι ξένοι προς την ιδεολογίαν εκάστου κράτους θα αφομοιούντο αμέσως προς την νέαν κατάστασιν δια του χρόνου. Θα παύσουν τότε αι προπαγάνδαι και τρομοκρατίαι κομιτατζηδικαί, αίτινες γίνονται κατά φτωχών και αθώων βιοπαλεστών. Διότι παρ' όλην την αμάθειάν των όταν πολύ προ πολλού ηρώτησα μερικούς από τους Βουλαγρίζοντας χωρικούς της Μακεδονίας πως φαντάζονται την προστασίαν των μειονοτήτων των ηρκέσθησαν εις έν χαμόγελον, μόνον και επειδή επέμενον να μάθω εν προκειμένω την γνώμην των μοι λέγουν.

—Μα γιατί γίνεσαι παιδί. Πως εφαντάσθης εσύ ότι θα ζητήσωμεν να έχωμε σχολεία και να προβαίνωμεν συχνά εις διαμαρτυρίας δια την μη κανονικήν λειτουργίαν. Μη βλέπεις, τα χρόνια εκείνα ηγωνίσθημεν όπως απολευθερωθώμεν από τους Τούρκους. Αλλά ας φαντασθώμεν ότι θα έχωμεν τα σχολεία και σεις τα δικά σας νομίζεις θα λείψουν αι διαμάχαι αι οποίαι συνήθως καταλήγουν εις φόνους; Βουλγαρικά σχολεία και εκκλησίαι, αλλά διατί; Δεν είμεθα ημείς οι ίδιοι που δεν εγνωρίζαμεν προ ετών, πριν ή αρχίσει ο φοβερός εκείνος πόλεμος μεταξύ ανταρτών και κομιτατζήδων, που εμανθάναμεν τα Ελληνικά γράμματα; Νομίζετε ότι δεν πρέπει και ημείς να ζήσωμε ήσυχοι τα τελευταία χρόνια της ζωής μας; Χρηστήν και πατρικήν διοίκησιν θέλομεν και τίποτα περισσότερον.

Αυτά μοι είπον οι χωρικοί. Έλεγον την αλήθεια; Αλλά ποίαν άλλην απάντησιν έπρεπε να περιμένω έστω από τους ανθρώπους τους οποίους κατέβαλε ο πόλεμος μεταξύ των και οι τραχείς αγώνες; Διότι αφ' ης ο χωρικός της Μακεδονίας είδε το φως της ημέρας παραπλεύρως του κλίνου του αντίκρυσε το γιαταγάνι του πατρός του παρακολουθών αργότερα όλο το δράμα του Μακ. Αγώνος, αγωνιζόμενος εις την τρικυμίαν της επικρατήσεως, φονεύων και φονευόμενος. Αυτός λοιπόν ο χωρικός δεν έχει δικαιώματα να ζήσει ένα μέρος της ζωής του ήσυχο; Τοιαύται σκέψεις με ωθούν εις το συμπέρασμα ότι οι ανωτέρω χωρικοί είχον πολύ δίκαιον ν' απαντούν κατ' αυτόν τον τρόπον.

Επίσης ενθυμούμαι όταν ελληνοβουλγαρική επιτροπή περιήρχετο τα χωρία της Μακεδονίας τον Νοέμβριο του 1923 ης μέλος ήτο Βούλγαρος Μοναστηριώτης άλλοτε Έλλην οι δυστυχείς χωρικοί διηρωτώντο μεταξύ των και έλεγον εις συνάθροισιν ήτι συνήθως εγένετο εις τα μπακάλικα και τα χάνια των, πλην των ευαρύθμων οίτινες εδήλωσαν εκουσίαν μετανάστευσιν.

—Μα τι τους στέλνει το κράτος και δεν μας αφίνει ησύχους;

Αυτή είναι η νοοτροπία του Μακεδόνος χωρικού, όστις ως είπον ανωτέρω πολύ περισσότερον ενδειαφέρεται δια το χωράφι του και την υπόλοιπον ζωήν του από τα διάφορα προνόμια που δια των συνθηκών είναι δυνατόν να τοις παραχωρηθή εάν τα ζητήση. Διότι γνωρίζει απλούστατα ότι εις τίποτα δεν θα του χρησιμεύσουν τα βουλγαρικά γράμματ ή και αι εκκλησίαι. Από τους ανθρώπους αυτούς που ελαχιστότατοι απέμειναν λείπει η πνοή, η ζωή. Άλλως τε μετά την απομάκρυνσιν των φοβερών και φανατισμένων βουλγαριζόντων οίτινες άλλοτε επέσυον εις την κεφαλήν του φόνου εάν απεμακρύνοντο της βουλγαρικής ιδεολογίας δεν υπάρχουν πλέον διότι από καιρού εγκατεστάθησαν εις Βουλγαρίαν. Δεν υπάρχει δε συνείδησις εν αντιθέσει με όλον τον κόσμον της Μακεδονίας όστις εμφορείται από καθαράν Ελληνικήν συνείδηση. Και τούτο είναι αναμφισβήτητον διότι υπάρχουν τόσα πολλά έθιμα ατινα ομιλούν με την πειστικωτέραν γλώσσαν ότι εδώ εις την Μακεδονίαν έζησε και ζη ένας Ελληνισμός ο οποίος ίσως δεν άφησε ένα Παρθενώνα να διαιωνίζει το κάλλος της Ελληνικής ζωής και την Ελληνικότητα της Μακεδονίας, υπάρχουν όμως τα έθιμα τα οποία επεκράτησαν και μας δίδουν τας τρανωτέρας των αποδείξεων. Ίσως να ελλείπη εμπεριστατωμένη μελέτη περί της

Ελληνικότητος της Μακεδονίας, αλλά αι κατά χιλιάδες μονογραφίαι περί Μακεδονίας, όπως εκείνη η θαυμασία μελέτη του σοφού καθηγητού Πολίτη.

Μια επίσημος αποστολή υπό καθηγητών του Πανεπιστημίου αρχαιολόγων, Βυζαντινολόγων και γλωσσολόγων πολλά εις φως θα έφερε πράγματα δια την σκοτινήν ιστορίαν της Μακεδονίας, εις την Θεσσαλονίκην, Πέλλαν, Μελίτη, Πρέσπαν κ.λ.π.

Προ τριών ετών δύο Σέρβοι καθηγηταί του Πανεπιστημίου και ο διευθυντής του Μουσείου όλως αθορύβως είχον διεκπεραιωθεί εκ των συνόρων και μετά μεγάλης προσοχής περιεργάσθησαν μίαν εκκλησίαν Βυζαντινής εποχής η οποία ακριβώς είναι επί της λίμνης της Μ. Πρέσπας.

Κατά την ομολογίαν των ιδίων χωρικών δεν έμενον και πολύ ευχαριστημένοι οι ευγενείς ξένοι από τας Ελληνικάς επιγραφάς εις το σκοτεινόν εκείνο εκκλησάκι το οποίο εστάθει τόσους αιώνας πλησίον της προσωρινής πρωτευούσης του Σαμουήλ ως φάρος αληθινός της Ελληνικής Ορθοδόξου Χριστιανοσύνης.

Ούτω όχι μόνον τα αθάνατα ταύτα μνημεία, αλλά και η εμβρυθής μελέτη των εθίμων ως και των διαφόρων τοπονυμιών αίτινες μετεφράσθησαν κατά το πλείστον υπό των σλαύων επιδρομέων, θα μας δείξουν ότι καμίαν σχέσιν δεν είναι δυνατόν να έχουν εθνολογικώς με τους Σέρβους ή Βουλγάρους.

Ρουμάνοι

Οι Ρουμάνοι πάλιν είναι ο λαός εκείνος εν Μακεδονία, όστις άλλοτε απετέλει το νομαδικόν της Μακεδονίας στοιχείον. Καίτοι άπαντες δεν πρέπει να θωρηθώσιν τοιούτοι. Η Ρουμανική προπαγάνδα ήτις αφειδόλως εσκόρπισε χρήματα και υποσχέσεις κατόρθωσε να προσυλητίση μερικούς από αυτούς επομένως δεν θεωρούνται καθαρώς Ρουμάνοι. Άλλως τε η επίσημος κατ' αρχάς Ρουμανία ουδέποτε ηθέλησε να προσέξη τούτους και δεν ηθέλησε να ενδιαφερθή πλην κατά το έτος 1900 ότε Υπουργός της Παιδείας εγένετο Μακεδόνας, θέσας εις ενέργειαν τας προπαγάνδας. Περί της Ελληνικότητος δε των Σαρακατσαναίων ουδεμία αμφιβολία πρέπει να υπάρχει διότι εκτός του ότι ομιλούν την Ελληνικήν, μεταφέρουν δια παραδόσεων αιώνων τα ωραιότερα Ελληνικά έθιμα, ακόμη και πλείστα ομηρικά.

Εις τα τραγούδια των, εάν παρακολουθήσωμεν αυτούς τους ανθρώπους και προσέξωμεν θα ίδωμεν όλον εκείνο το κατ' εξοχήν Ελληνικόν πνεύμα, που διέπει πάντα Έλληνα. Οι Σαρακατσαναίοι -κουτσόβλαχοι- βλαχόφωνοι λέγεται ότι έλκουν την καταγωγήν των από υπολείματα φρουρών των Ρωμαϊκών λεγεώνων άτινας οι τελευταίοι έπεμπον εις Δακίαν ή Μολδοβλαχίαν. Πολλαί τοιαύται φρουραί αριθμούνται από της εποχής του Τραϊανού καθ' ην εποχήν εστέλλοντο προς κατάκτησιν νέων χωρών. Την Ρωμαϊκήν προέλευσιν της νομαδικής αυτής φυλής δεν αμφισβήτησαν σοβαροί ιστορικοί της Ευρώπης.

Οι Ρωμαίοι αυτοκράτορες έπεμπον φρουράς εις την Δακίαν ή Μολδοβλαχίαν μεταδόσαντες συν τω χρόνω την κοινήν λατινικήν η οποία εξιλήχθει μακράν της γενετήρας της μετά αιώνας εις την σημερινήν, περιέχουσαν πλείστας όσας Ελληνικάς λέξεις.

Κατά την εποχήν του αυτοκράτορος Τραϊανού εξαπεστάλησαν πολλαί λεγεώνες προς νέων χωρών. Εκ τούτων, ως συνήθως πολλοί δεν επανήλθον. Πιστοτάτους τύπους των Ρωμαίων, όπως τους παρουσιάζουν πολλά αγάλματα, συναντώμεν εν τω προσώπω των περιφήμων Σαρακατσανέων.

Καταπληκτικήν ομοιότητα έχοντα, συνήντησα μίαν ημέραν Σαρακατσανέαν τινα. Ήτο τοιαύτη η εντύπωσις που ενθυμούμαι καλώς, εκάλεσα με όλην μου την μαθητικήν αφέλειαν τον καθηγητήν της ιστορίας όστις και τον εφωτογράφησε. Πράγματι ο Σαρακατσάνος εκείνος ουδόλως διέφερε των προσώπων εκείνων που παρουσιάζουν τα Ρωμαϊκά ανάγλυφα, με την μακρυά και ολίγον κυρτή μύτη, το ξυρισμένον πρόσωπον και τα μεγάλα στρογγυλά μάτια. Αληθώς εν τω προσώπω αυτού αντίκρυζον τον τύπον του Ρωμαίου Συγκλητικού.

Αυτά και άλλα με πείθουν ότι αυτοί οι άνθρωποι ως και όλοι οι βλαχόφωνοι ουδεμίαν απολύτως σχέσιν έχωσιν με το επίσημο Ρουμανικόν έθνος. Απόδειξις ότι παρ' όλον το αφθόνως σκορπισθέν χρυσίον της Ρουμανικής προπαγάνδας ήτις συνώμμωσεν ελεεινήν συμμαχίαν μετά των βουλγάρων προς εξόντωσιν παντός του Ελληνικού, δεν κατωρθώθει τι εις όφελος των συμπαθών ρουμάνων. Η κουτσοβλαχική ομιλείται βέβαια εις Μοναστήριον, τα γύρω χωριά του Περιστερίου, της Πίνδου, Πισσοδέρι, Νέβεσκα.

Ποίος όμως θα είχε την δύναμιν ν' αμφισβητήση την Ελληνικότητα του Κρουσόβου όπερ την 5ην Ιουλίου 1904 παρεδίδετο εις τας φλόγας απλώς και μόνον διότι επέμενεν εις την Ελληνικήν ιδέαν; Ή και τους αγώνας των γεναίων Τυρνοβιτών, Μεγαροβιτών ή Νιζοπολιτών; Ή του Πισσοδερίου του αρχαίου Πισσαίου όπερ υπήρξε το φράγμα από των αρχαιοτάτων χρόνων των επιδρομέων Ιλλυριών και λοιπών εχθρών των Ελλήνων και μέχρι της σήμερον κατά τους νεωτέρους χρόνους ηγωνίσθησαν κατά των επιδρομέων Αλβανών διατηρήσαντες μάλιστα και την σχετικήν στρατωτικήν, και πολιτικήν ελευθερίαν ανεγνωρισμένην επισήμως υπ' αυτού τούτου του Σουλτάνου; Επίσης τους αγώνας των κατά τον Μακεδονικόν αγώνα και αργότερον εις τον Ελληνικώτατον αγώνα της Βορ. Ηπείρου; Από το Πισσοδέριον ουδεμία βουλγαρική συμμορία κατώρθωσε να διέλθη. Χαρακτηριστικόν μάλιστα μεταξύ αυτών και των βουλγαριζόντων τότε είναι ότι οι τελευταίοι ωνόμαζον τους Πισσοδερίτας περιφρονητικώς «Γκιάφλ Βλαφ»—Διάβολος Βλάχος. Και τούτο διότι οι Πισσοδερίται υπήρξαν πραγματικοί ακρίται του Ελληνισμού, έχοντες ακρεφνή Ελληνικήν συνείδησιν και επωφελούμενοι ως εκ της θέσεώς των έφερον πάντοτε φοβερούς αντιπερισπασμούς εις τα σχέδια των κομιτατζίδων και διαφόρων άλλων προπαγανδιστών.

Άλλο χωρίον πλησίον της Φλωρίνης είναι η Νέβεσκα βλαχόφωνον. Χωρίς όμως να παύσουν οι Νεβεσκιώται να είναι οι φανατικώτεροι των Ελλήνων, μη δε αυτών των πτωχών δια τους οποίου υπήρχε τελευταίως και το δόλωμα της Ρουμανικής νυν προπαγάνδας ότι εις τον αναχωρούντα Μακεδόνα Ρουμανίζοντα εδίδετο γεωργικός κλήρος εις την νέαν Ρουμανίαν. Ουδείς όμως παρ' όλας τας επαγγελίας της Ρουμανικής προπαγάνδας ότι αν θέλουν δύνανται ν' αναχωρίσουν δια την Ρουμανίαν όπου θα τοις δοθεί 50 στρέμματα εις εκάστην οικογένειαν και το ανάλογον χρηματικόν ποσόν, έφυγε. Οι Νεβεσκιώται όλοι ομιλούν την Κουτσοβλαχικήν χωρις όμως να παύουν από του να γνωρίζιυν τελείως και την Ελληνικήν. Ο Νεβεσκιώτης το θεωρεί ζήτημα τιμής να μορφώσει παρ' όλην την ανέχειάν του το τέκνον του τουλάχιστον με τα γυμνασιακά μαθήματα. Οι πλήστοι δε αυτών αποδημούν εις Αίγυπτον όπου αποκαθιστανται τελείως ως βιομήχανοι τιμώντες το Ελληνικόν όνομα. Ποίος θα ημφισβήτει την Ελληνικότητά των;

Οι Κουτσόβλαχοι ούτοι ετίμησαν και δι' έργων το Ελληνικόν όνομα και εστερέωσαν την πεποίθησιν παρά τοις ξένοις ότι αληθώς εις τας φλέβας των ρέει αίμα Ελληνικόν. Εις την αθανασίαν του Ελληνικού Έθνους θα παραμείνουν οι Κουτσοβλαχικής καταγωγής Βαρώνος Σίνας δια την ομόνυμον Ακαδημίαν και ο Αβέρωφ δια το θωρηκτόν και στάδιον.

Πως Επεκράτησε το Σλαυόφωνο Ιδίωμα

Όλοι βεβαίως απορούν πως έσχε τόσην επίδρασιν επί των γηγενών το ιδίωμα τούτο, των επιδρομέων Σλαύων. Τούτο όμως δεν πρέπει να μας εκπλήτη εάν μάλιστα έχομεν υπ' όψιν ότι σήμερον εν Μακεδονία οι πλείστοι των προσφύγων εξέμαθον τελείως το σλαυόφωνο τούτο ιδίωμα όπερ ευκολώτατον εις την εκμάθησίν του καθίσταται καταληπτόν εντός βραχυτάτου χρονικού διαστήματος.

Οι ίδιοι οι βούλγαροι ομολογούν ότι οι Έλληνες κατ' εξοχήν εμπορικός λαός εις τας συναλλαγάς των με τους αμορφώτους χωρικούς της Μακεδονίας συνεννοούντο εις την γλώσσαν των επικρατησάντων επιδρομέων. Αυτός ο Βούλγαρος συγγραφεύς Brancoff εν τω εργω του La Macedoine et sa population chretienne 1905 εν σελίδι 53 ομολογεί: «Ότι οι πλήστοι Έλληνες έμποροι δια να πείθωσι εις τας συναλλαγάς τους αμορφώτους χωρικούς εμάνθανον την γλώσσαν των.»

Το Ελληνικόν δαιμόνιον του εμπορεύεσθαι ενίκησε το σλαυικόν στοιχείον το οποίον εξεπροσωπείτο υπό του εργάτου της γής, του ασυνειδήτου κείνου εργάτου ο οποίος μη δυνάμενος να υπερισχύση του Ελληνικού πνεύματος εκήρυξε την παθητικήν αντίστασιν με αρνητικήν εθνικήν πολιτικήν, ήτις τους παρουσιάζει κοινωνικώς και πολιτικώς πολύ υποδεεστέρους, χωρίς όμως να κατορθώση δυστυχώς να επιβληθή εις το γλωσσικόν τούτο ιδίωμα.

Πολύ μεγαλυτέραν επομένως επίδρασιν δέον να φαντασθώμεν ότι θα είχε την εποχήν εκείνην η πίεσις του επιδρομέως όταν μάλιστα παντελώς έλειπον τα Ελληνικά σχολεία.

Μια προσπάθεια ουσιώδης και αποτελεσματική εγένετο αργότερον, πολύ πριν ή εμφανισθούν εις τον ορίζοντα οι Βούλγαροι ή οι Σέρβοι, δια των σχολείων των Ελληνικών, από του 1760 και εντεύθεν καθ' ην εποχήν ιδρύοντο σχολεία εν Μακεδονία,

Θράκη και Ηπείρω τα πρώτα Ελληνικά σχολεία υπό την αιγίδα του Πατριάρχου Σαμουήλ, και ιδίως εν ταις πόλεσι Θεσσαλονίκη, Άθω, Εδέσση, Βερροία, Ναούση, Μελενικίω, Σέρραις, Καστορία και Κοζάνη όπου έκτοτε προ διακοσίων και τόσο ετών λειτουργεί θαυμασία Ελληνική βιβλιοθήκη.

Αλλά με το Σλαυοφωνικό αυτό ιδίωμα δεν παρουσιάζεται ουδεμία φιλολογική κίνησις, ώστε να παραδεχθώμεν ότι το γλωσσικόν τούτο ιδίωμα ανήκει εις μίαν ζωντανήν γλώσσαν ενός έθνους που φιλοδοξεί να διαιωνίζη την ύπαρξίν του. Πού είναι η δημώδης των ποίησις; Και τι διεσώθει εάν υπήρχε τοιαύτη; Όταν δε δεν υπάρχει ουδέν τούτων πως θα ήτο ποτέ δυνατόν να φαντασθώμεν ότι οι σλαυόφωνοι της Μακεδονίας πληθυσμοί υπήρξαν ποτέ έθνος, όπως την φαντάζονται οι γείτονές μας Σλαύοι με τα κοινά των ιδανικά, τους κοινούς των πόθους και την ιστορίαν των μετά της σχετικής πάντοτε φιλολογίας; Η επικράτησις του ιδιώματος τούτου δεν πρέπει να παραλείψωμεν να ομολογήσωμεν ότι οφείλεται όχι μόνον εις το καταληπτόν και ασθενές του λεξιλόγιον, αλλά και εις τον άκρατον σωβινισμόν των σλαυικών λαών, έχοντες μάλιστα υπ' όψιν ότι οι σλαύοι κατά διάφορα μακρόχρονα διαστήματα ελυμαίνοντο την Μακεδονίαν από του 7ου και ενταύθεν αιώνος. Διότι τι ολιγότερον πρέπει να φαντασθώμεν, παραλληλίζοντες επιδρομείς της εποχής εκείνης με το επίσημον τωρινό Σερβικόν κράτος, επαγγελλόμενον σεβασμόν των στοιχειωδών ατομικών δικαιωμάτων και μη τηρούν τας υποσχέσεις του;

Διότι οι Σλαύοι από του 1912 μέχρι της σήμερον παρ' όλον τον εκπατρισμόν των κατά τον Ευρωπαϊκόν πόλεμον κατώρθωσαν να αλλοιώσουν τελείως την όψιν των πληθυσμών των νέων χωρών, όπως των ελληνικωτάτων πληθυσμών του Μοναστηρίου κ.λ.π. δια διαφόρων μέσων θεμιτών και μη. Εφ' όσον λοιπόν σήμερον καταπατώνται τόσον αδίκως τα ατομικά δικαιώματα εις βάρος πληθυσμού ξένου προς την κρατούσαν κατάστασιν της Σερβικής Μακεδονίας, τι δέον να φαντασθώμεν δια τους σλαύους επιδρομείς της εποχής εκείνης;

Εις ημάς όμως δεν επετρέπετο να δείξωμε τοιαύτην εγκληματικήν αδιαφορίαν εις τας νέας μας χώρας και ν' ανανυψωμεν τώρα, ότ' ήρχισαν ν' αναφαίνωνται τα μικρά αυτά νεφρίδια επί του Μακεδονικού ορίζοντος.

Βεβαίως δεν θα έπρεπε να πιέσωμεν, να τους κατατρομάξωμεν δια να αποβάλλουν το σλαυόφωνόν των ιδίωμα όπως έπραξαν οι γείτονες μας εις μοναστήριον, Κορυτσάν, Ανατωλικήν Ρωμηλίαν κ.τ.λ. επεβάλλετο όμως να εφαρμωσθεί κάποιο σύστημα, κάποια τακτική δια των οποίων εντός της δωδεκαετίας θα είχομεν απαλλαγεί του ιδιώματος τούτου. Εν σύστημα ελευθέριον, ουδόλως πιεστικόν και αυτό το τονίζω διότι οι Μακεδόνες ανέκαθεν υπήρξαν το καλλίτερο στήριγμα της Ελλάδος από των αρχαιοτάτων χρόνων. Οι Μακεδόνες έχουν προσφέρει και εις το παρελθόν και τελευταίως την πλέον τιμίαν υποστήριξιν εις το Ελληνικόν κράτος. Αν εξαιρέσωμε τους ελαχίστους αργυρωνύτους οι οποίοι δεν είναι δυνατόν παρά να υπάρχουν εις όλας τας φυλάς και τα έθνη, θα ίδωμε ότι όλοι αυτοί που ονομάζομε σλαυόφωνους, έχουν τα αυτά ιδανικά, τους ιδίους πόθους, την αυτήν θρησκείαν προς τους Έλληνας.

Γενικαί Παρατηρήσεις Προπαγανδιστικών Αγώνων και Συμπεράσματα

Παρ' όλα όμως ταύτα, τας αναγνωρίσεις υπό των ξένων, ότι η Ελλάς και συγκεκριμμένως η Ελληνική Μακεδονία κατοικείται από πληθυσμόν κατά τα 9/10 Ελληνικόν, τας διαφόρους περί ανταλλαγής συνθήκας και πολέμων οίτινες επαισθητώς ηλλοίωσαν την πρωτέραν κατάστασιν της Μακεδονίας τόσον οι Βούλγαροι, όσον και οι συμπαθείς μας Σέρβοι οίτινες τραγελαφικώτατα δεν εδίστασαν ν' ανασκάψουν τα οστά του επιδρομέως Τσάρα Ντουσάν, δεν παύουν από του να δημιουργούν θόρυβον άσκοπον πάντοτε γύρω από τους ελαχίστους εναπομείναντας σλαυοφώνους της Μακεδονίας.

Διότι τι έχουν να κερδίσουν από ένα ευάρρυθμον σλαυόφωνον πληθυσμόν της Μακεδονίας όστις δεν έχει ιδανικά, κοινούς πόθους, κοινήν θρησκείαν. Και πως τότε είναι δυνατόν να ομιλήσωμεν περί μειονοτήτων όταν ο πληθυσμός ούτος δεν έχει ξένα ιδανικά και πόθους προς το κυρίαρχον Ελληνικόν κράτος; Εφ' όσον μ'αλιστα δια της Συνθήκης των Σεβρών αν δεν απατώμαι εχορηγήθησαν δικαιώματα υπέρ των μειονοτήτων εν Μακεδονία. Συνήφθει κατόπιν η συνθήκη περί αμοιβαίας μεταναστεύσεως μεταξύ Ελλάδος και

Βουλγαρίας και δεν έφυγαν παρά οι άνθρωποι εκείνοι της προπαγάνδας, οι οποίοι ενόμισαν ότι δεν θα δυνηθούν να ζήσουν πλησίον αυτών, τους οποίους προ ολίγων ετών επολέμουν λυσσαλέως.

Αργότερον τελείως αδικαιολογήτως συνετάχθη υπέρ των μειονοτήτων της Μακεδονίας το περίφημον ABECEDAR και ουδείς των σλαυοφώνων τούτων πληθυσμών εζήτησε να το διδαχθή, δια τον απλούστατον λόγον ότι δεν εύρισκον την σκοπιμότητα ενός τοιούτου βιβλίου, διότι ακόμα και οι πληθυσμοί των μειονοτήτων αυτών ουδέποτε διέφερον ψυχικώς από τους ελυθέρους Έλληνας μετά την απελευθέρωσιν και των μεσολαβησασών συνθηκών δι' ων εγένετο μεγάλη εκκαθάρισις των φανατικών εκείνων στοιχείων άτινα δια της βίας ή δια του αφθόνου χρυσίου της Σόφιας τους επίεζον.

Ιδού λοιπόν πόσο ενδιαφέρεται ο σλαυόφωνος χωρικός της Μακεδονίας δια τα περίφημα εκ των μεονοτήτων προερχόμενα δικαιώματα. Ίσως ο χωρικός της Μακεδονίας να έχη μεγαλυτέραν ανάγκην στοργής και αληθινής πατρικής διοικήσεως κατόπιν τόσων κόπων και ταλαιπωριών δια των διαφόρων άλλοτε αγώνων ουδέποτε όμως θα ενδιαφερθή δια πράγματα πλέον που δεν αισθάνεται την ανάγκην των. Πολύ ορθώς παρετήρει άλλοτε κατά τους τραχείς ακόμη Μακεδονικούς αγώνας ο διαπρεπής δημοσιολόγος Palliares όστις κατόπιν περιοδείας του ανά την Μακεδονίαν διεπίστωνε εις το έργον του La imbroglio Macedonien ότι άμα εκλείψη η τρομοκρατία των κομιτατζήδων οι εντόπιοι μετά νοσταλγίας θα επέστρεφον εις τας παλαιάς των Ελληνικάς παραδώσεις.

Μόνον λοιπόν επιβάλλεται η άγρυπνος παρακολούθησις τόσον των κομιτατζήδων, όσον και παντός προπαγανδιστού οίτινες πεοσεταιρίζονται τους δυσαρεστημένους κολλήγους και υποκινούν εις διαμαρτυρίας ή συνομωσίας.

Εάν λοιπόν το κράτος ήθελε να προσέξη περισσότερον του δέοντος τους πληθυσμούς αυτούς οίτινες και λόγω των αγώνων των και περιπετειών είχον ανάγκην μεγαλυτέρας στοργής και κρατικής μερίμνης ουδείς Μακεδών χωρικός θα μετηνάστευεν εις Βουλγαρίαν διότι όσοι ήσαν φανερά αντίθετοι των Ελλήνων κατά τον Μακεδονικόν αγώνα εγκατέλειψαν ευθύς αμέσως μετά τον Βαλκανικόν πόλεμον την Ελλάδα. Ο δε αμόρφωτος και αγράμματος χωρικός της Μακεδονίας έδειξεν θαυμασίαν σύνεσιν και καρτερικότητα καθ' όλον το χρονικόν διάστημα από της απελευθερώσεως και ενταύθεν. Εις τον στρατόν πρώτοι αγογγύστως προσέφερον τα τέκνα των, αίτινα λόγω της σιδηράς πειθαρχίας ήτις διακρίνει τους Μακεδόνες χωρικούς απέδειξαν ότι είναι αληθινοί απόγονοι του Μ. Αλεξάνδρου ακλόνητοι εις το καθήκον των. Από μίαν δε μελέτην ευρίσκομεν ότι η Μακεδονία είχε τους λιγότερους λοιποτάκτας από όλας τας λοιπάς επαρχίας του κράτους, πρώτοι και άνευ της παραμικροτέτρας διαμαρτυρίας καταβάλουν τους βαρείς φόρους, πειθαρχικώτατοι πάντοτε.

Απόγονοι του μεγαλουργού, του Μ. Αλεξάνδρου δεν λησμονούν ότι αυτός είναι εκείνος, ο μεγαλεπήβολος βασιλεύς όστις μετέφερεν άλλοτε ολόκληρον Ελληνικόν πολιτισμόν εις τα βάθη της Ασίας, εκπολιτεύσας βάρβαρα έθνη δια της μεταμοσχεύσεως του Ελληνικού πολιτισμού εις τα νάματα του οποίου εβαπτίσθη μικρός.

Μετά τον Αλέξανδρο η Μακεδονική ψυχή ναρκούται δια να την ίδωμεν αργότερον, ανοχή σχεδόν των εκφύλων Βυζαντινών, καταπατουμένην από τους διαφόρους Σλαύους επιδρομείς οι οποίοι έφερον μαζί των τα φοβερώτερα δώρα, μίαν γλώσσαν και εν ιδίωμα τόσον εύκολον και τόσον καταληπτόν άνευ τινός κόπου. Πολλοί αιώνες μεσολαβούν σκοτεινοί δια την Μακεδονικήν ψυχήν. Οι Μακεδόνες διήγον απολαμβάνοντες όπως και όλοι οι λοιποί χριστιανικοί πληθυσμοί όλων των προνομίων που παρεχώρουν οι Τούρκοι τη επεμβάσει πάντοτε του Ελληνικού Πατριαρχείου Κωνσταντινουπόλεως, θεωρουμένου τότε ως μοναδικού στυλοβάτου της Εθνικής Ιδέας.

Περί τα τέλη όμως του 19ου αιώνος και τας αρχάς το 20ου αναφαίνεται πάλιν επί του Μακεδονικού ορίζοντος το φάσμα του σλαύου επιδρομέως, κατ' αρχάς υπό το ράσσον του μοναχού γυρολόγου και κατόπιν υπό το γιαταγάνι του κομιτατζή. Χιλιάδες ιεραπόστολοι εξαπεστάλησαν από την Αγίαν Ρωσσίαν ανά τα Μακεδονικά χωρία κηρύττοντες τον σλαυισμόν και μεταβαπτίζοντες τους χωρικούς εις -ωφ και -όφσκη. Οι αγαθοί χωρικοί φύσει φιλόθρησκοι εύρισκον μεγάλην ανακούφησιν εις τα κηρύγματα των ρασοφόρων οίτινες συγχρόνως με την ερμηνίαν του ευαγγελίου παρώρμουν αυτούς εις εξέγερσιν κατά του Τούρκου Δυνάστου. Ούτως εδίδεδετο η πρώτη ώθησις ως μία θρυαλλίς, θρυαλλίς όμως τοιαύτη ήτι εντός ελαχίστου χρονικού διαστήματος επέπρωτο να ανάψη την μεγαλυτέραν πυρκαυάν εις τας ψυχάς των μακεδόνων δια των εντέχνων τούτων παρορμών.

Παντού αργότερον ήρχησε να μεταδίδεται μετά του ιεροτέρου φανατισμού το «Η Μακεδονία δια τους Μακεδόνας» όταν έβλεπον ότι δεν ηδύνατο να επιβληθούν εις το Ελληνικόν στοιχείον. Και όταν μίαν ημέραν του Αυγούστου του 1903 ενόμισαν ότι ήτο καιρός, απατήσαντας τους Έλληνες ότι δήθεν εργάζονται προς απομάκρυνσιν του κοινού εχθρού εκ της χερσονήσου του Αίμου επανεστάτησαν. Ευτυχώς η επανάσταση αύτη απέτυχε ως ήτο επόμενον, αλλά και διότι εγκαίρως οι Έλληνες οπλαρχηγοί αντιληφθέντες τα πονηρά σχέδια των Βουλγάρων ότι επρόκειτο περί δημιουργίας της Μεγάλης Βουλγαρίας απεσχίσθησαν. Οι Βούλγαροι όμως είναι ένας λαός που δεν απογοητεύεται. Μετά την αποτυχίαν των ταύτην απομονοθέντες υπό των Ελλήνων έθεσαν ως σύστημα εργασίας την βίαν, το χρήμα και όταν πάντα τούτα δεν ήρκουν μετήρχοντο την μάχαιραν.

Τότε πλέον αφυπνήσθησαν και οι ιδικοί μας και ήρχισε ο φοβερός εκείνος ανταγωνισμός. Δύο κυρίως στρατόπεδα εν Μακεδονία αμέσως ενεφάνησαν με έντονον δράσιν. Οι Έλληνες και οι Βούλγαροι. Οι δεύτεροι εργαζόμενοι δια την εδραίωσιν της ιδέας της Μεγάλης Βουλγαρίας και οι πρώτοι δια την τήρησιν του καθεστώτος όπερ πατροπαραδότως υπήρξε ορθόδοξον και Ελληνικόν. Τότε εδημιουργήθησαν τα ανταρτικά σώματα. Μερικοί νέοι εκ Παλαιάς ελλάδος, Κρήτης, αλλά και πολλοί Μακεδόνες των οποίων μόλις αι πρώται παραγναθίδες αναφαίνοντο εις τα πρόσωπά των εχύνοντο ανά τα όρη ζητούντες εκδίκησιν δια το αθώον αίμα που έχυνον οι κομιτατζήδες εις τας Μακεδονικάς πόλεις και χωριά.

Καθημερνώς ελάμβανον χώραν δολοφονίαι και κατακρεουργήματα. Λυσσαλέος αγών υπήρξε. Η Μακεδονία τότε έδινει την όψιν αναρχουμένης χώρας. Οι κομιτατζίδες καθ' εκάστην εισέβαλλον εις τα Ελληνικά χωριά και έσφαζον γυναίκας, παιδιά, δασκάλους, ιερείς. Δια του πυρός και του σιδήρου οι Βούλγαροι εν τέλει αποκτούν αναγκαστικώς μερικούς φίλους, αλλά προ παντός δια του αφθόνου χρυσίου των. Γενικώς δε άπασαι τότε αι λοιπαί προπαγάνδαι ωργίαζον και κατέβαλον απεγνωσμένας δυνάμεις προς επικράτησιν η μία της άλλης. Το δε άφθονον χρυσίον των προπαγανδιστών δεν ήτο δυνατόν να εύρη ευκόλους περιφρονητάς. Ευρέθησαν πλήστοι οι αργυρώνοτοι οίτινες ετυφλώθησαν από το χρυσίον και απεδύθησαν εις των αγώνα. Τούτων ένεκεν προς στιγμήν και ακροθιγώς εξετάζοντα τα ζητήματα τα Μακεδονικά παρουσιάζουν την Μακεδονίαν ως μίαν Βαβέλ. Αι Τουρκικαί αρχαί απαθείς μάλλον παρηκολούθουν το τραγικόν δράμα του αγώνος που εξετυλίσσετο προ των οφθαλμών των. Ο αγών κατέστη τότε τυφλός. Εν Μοναστηρίω εις μίαν ημέραν και εις τους κεντρικωτάτους δρόμους του ελάμβανον χώραν πέντε δολοφονίαι. Οξύνοντο τα πάθη ώστε αγών υπάρξεως να τίθεται πλέον μεταξύ Ελλήνων και Βουλγάρων. Η ασυμπαθής στάσις εν Μακεδονία των Τουρκικών αρχών απέναντι των Ελλήνων εις μάτην εξενεύριζε τας Ευρωπαϊκάς δυνάμεις. Το αίμα άφθονο έρεε. Αι πιέσεις, εκβιασμοί έδιδον την όψιν τρομοκρατουμένης χώρας η οποία κατέστη αληθινόν θέατρον των τραγικωτέρων δραμάτων.

Αι πιέσεις αύται αι αφάνταστοι, το χρήμα, η απόσχεσις των βουλγάρων του Πατριαρχείου και γενικώς ο έντονος αγών των κατά των Ελλήνων εδημιούργησαν εστίας τινας αίτινες εύρισκον κατάλληλον έδαφος από τα υπολείματα της εποχής ακόμα των επιδρομών. Διότι μη λησμονώμεν ότι μεγάλης διαρκείας υπήρξαν αι επιδρομαί τότε, όπως εκείνη ήτις επί Τσάρου Σιμεών διήρκεσε από του 893-927 και καθ' ην τα όρια της βουλγαρίας επεξετείνοντο προς στιγμήν επ' αυτής της Σερβίας, Βλαχίας, Τρανσυλβανίας, Μακεδονίας, Θεσσαλονίκης και Ηπείρου.

Δια δε των συνεχών επιδρομών τούτων καθ' ων ελάμβανον χώραν σφαγαί, φόνοι κ.λ.π. ηλάττωσαν τον γηγενή πληθυσμόν. Τούτο όμως, όπως και τα ελάχιστα χρονικά διαστήματα απέναντι χιλετηρίδος και πλέον Βυζαντινής κυριαρχίας είναι αδύνατον να μας πείσουν ότι πάντες εξεσλαυίσθησαν και ότι ηδυνήθησαν οι άνθρωποι εκείνοι να επιβάλλουν τους πόθους των, την ιστορίαν, τα έθιμα και λοιπήν γενικώς ζωήν να δώσωσιν, ώστε να αφομοιωθώσιν μέχρι της σήμερον και να θεωρούνται απόγονοί των και δικαιούχοι των σημερινών οφελειμάτων προερχομένων εκ του πνεύματος της προστασίας των μειονοτήτων. Διότι ευθύς αμέσως επρόβαλλε η Μακεδονική ψυχή εν όλω της το μαγαλείο, όπως εν τω προσσώπω Βασιλείου του Βουλγαροκτόνου ο οποίος κατόπιν τεσσαρακονταετούς πολέμου εν τέλει κατετρόπωσε τους Βουλγάρους απελευθερώσας όλας τας επαρχίας του κράτους του εκ των επιδρομών.

Πολλοί ισχυρίσθησαν και ηθέλησαν να εκμεταλευθούν τας διαφόρου τοπονυμίας αίτινες αρκεταί υπάρχουν εις την σλαυικήν και εις αυτήν την Πελοπόνησον. Δεν τοις το αρνούμεθα. Τοις υπενθυμίζομεν όμως ότι και οι Τούρκοι επί πέντε αιώνας κατέχοντες την Μακεδονίαν και λοιπά Βαλκανικά Κράτη σχεδόν κατώρθωσαν να επιβάλλουν εις τα μέρη μας διαφόρους τοπονυμίας εις την γλώσσαν των. Θα ήτο όμως αστείον να παραδεχθώμεν πλειότερόν τι μιάς κατοχής απλής ήτις εστέρησε τους Βαλκανικούς λαούς της ελευθερίας των.

Επομένως ομιλούντες οι Βούλγαροι περί μειονοτήτων των εν Μακεδονία δέον να γνωρίζωσιν ότι δεν ομιλούν περί έθνους το οποίον έχει κοινά ιδανικά, κοινούς πόθους από παλαιών χρόνων όπως ημείς οι Έλληνες καυχόμεθα ότι όχι μόνον έχομεν υπέρ ημών την καθαράν Ελληνικήν συνείδησιν του Μακεδόνος, αλλά και άπειρα μνημεία και αρχαιότητες αίτινες μόναι των διαλαλούν την Ελληνικότητα, όπως εκείναι της Εδέσσης, Πρέσπας, Μελίτης-Φλωρίνης, Μοναστηρίου, Θεσσαλονίκης κ.λ.π. Δεν επιτρέπεται να ομιλούν οι Βούλγαροι και Σέρβοι περί μειονοτήτων των εν Μακεδονία διότι όπως είπον αι μειονότητες αύται δεν αποτελούσιν εθνότητα όπως είναι δυνατόν να θεωρηθώσιν αι Γερμανικαί μειονότητες του Τυρόλου της Β. Ιταλίας, αι Ελληνικαί, τουρκικαί, ουγγρικαί μειονότητες της Σερβίας.

Εν Φλωρίνη 1926-1927   Γ. Θεοδ. Μόδης
                                        Πτυχιούχος νομικής

Συγκριτικοί πίνακες Α. Πάλλη

ΠΙΝΑΞ ΤΗΣ ΕΘΝΙΚΗΣ ΣΥΝΘΕΣΕΩΣ ΤΟΥ ΠΛΗΘΥΣΜΟΥ ΜΑΚΕΔΟΝΙΑΣ

ΚΑΤΑ ΤΗΝ ΠΕΡΙΟΔΟ 1912 – 1924

	1912	1913	1915	1920	1924
Έλληνες	515.000	530.000	680.000	579.000	1.279.000
Βουλγαρίζοντες	119.000	104.000	104.000	104.000	77.000
Μουσουλμάνοι	473.000	463.000	348.000	348.000	200
Διάφοροι	98.000	98.000	96.000	91.000	91.000
Σύνολον	1.205.000	1.195.000	1.228.000	1.122.000	1.447.200

Αφίχθηκαν εκ Βουλγαρίας Οκτώβριον 1925
           Έλληνες   25.000
           Αναμένοντο   9.000

                    Βούλγαροι
1 Σεπτεμβρίου 1926 η Επιτροπή εδέχθει
                    δηλώσεις 28.547
αφορούσας 77.248 προσωπα εξ ων 52.549 είχον μεταναστεύσει από 18 Δεκεμβρίου 1920 και 24.699 είχον μεταναστεύσει μεταξύ 18 Δεκεμβρίου 1900 — 18 Δεκεμβρίου 1920.
Οι πρώτοι χαρακτηρίζονται παρά τους Γάλλους εμιγκράν και οι δεύτεροι εμιγκρέ.

Παράτασις τρίμηνος μέχρι 30 Νοεμβρίου 1926 απέδωσε νέας δηλώσεις 2.799 αφορώσαι 8.000 περίπου άτομα.
                    Ολικώς 85.000

Ο κ. Πάλλης υπολογίζει εις εις ελεύθερον λόγον 15-1-27 η κατοίκησις κάθε μετανάστου κοστίζει 100 λίρες.

Στατιστική Νόβοε Κέλιαρ Σόφιας 21-1-22 ο αριθμός Βουλγάρων προσφύγων αναβιβάζει 152.144
Άλλη Στατιστική Ζόρας 15-5-23 εις 705.400

Γραφείον Διεθνούς εργασίας προκειμένου περί του Βουλγαρικού Δανείου υπολογίζει περίπου τους εκ Μακεδονίας εις 120.000 άτομα ήτοι 33.000 οικογένειας.

                    Εκ του Υπουργείου των Εξωτερικών 14-4-27.

Πως και Διατι Πρεπει να Λυθη το Ζητημα των Μειονοτητων της Μακεδονιας

Η ευχή όλων εκείνων που επιθυμούν μια ειρήνη στα βαλκάνια προσκρούει κυρίως στο σημείο τούτο, στο σημείο των μειονοτήτων το οποίον σκανδαλωδέστατα προβάλλεται πάντοτε και κυρίως κατά εκάστην αρχήν Βαλκανικής Συνδιασκέψεως δια μιαν Βαλκανικήν Συνεννόησιν. Και πραγματικώς. Εάν δεν λάβει το ζήτημα τούτο την φυσιολογική του μορφή, έχομε την ακράδαντη πεποίθησιν ότι όλα τα άλλα που θα πλέκονται γύρω από την ιδέα της Βαλκανικής Συνεννοήσεως θα είναι οραματισμοί που δυστυχώς τόσο εύκολα εμείς οι Έλληνες εξαιρετικά συλλαβάνομεν.

Δεν είναι δυνατόν ο Βούλγαρος της χτες και τρομερός κομιτατζής να ξεχάσει τόσο εύκολα τους αγώνας του και τας τόσας πολυμόρφους θυσίας του γύρω από τον αγώνα του της επικρατήσεώς του εις την Μακεδονίαν.

Διότι ούτε αυτός, ούτε τα παιδιά του θα ξεχνούσαν άλλως πως την ιστορίαν των πρωτοφανών και τραχυτάτων εκείνων αγώνων του Μακεδονικού αγώνος, αγώνων οίτινες πάντοτε θα δικαιολογούν μιαν ιερότητα και ένα μεγαλύτερο φανατισμό όπως όλοι εκείνοι οι αγώνες που λέγονται απελευθερωτικοί.

Και τότε μόνον υπάρχει ελπίς να διορθωθούν τα πράγματα όταν οι τυχόν υπάρχοντες ξένα φορούντες λαοί της Μακεδονίας πιστέψουν ότι δεν υπάρχει κανείς απολύτως λόγος να προσβλέπουν προς άλλην πρωτεύουσαν και παύσουν αι ερωτοτροπίαι με την άλφα ή δείνα Εθνότητα δια να αρχίσωμε να πιστεύωμε εις μίαν Βαλκανικήν Συνεννόησιν.

Διότι όταν ένας αγών γίνεται εις μίαν μειονότητα, επικρατήσεως ταύτης απέναντι του κρατούντος στοιχείου, δεν παύει από του να θεωρείται η μειονότης αύτη η θρυαλλίδα εκείνη ήτις θα αποτελέσει αρχήν πολέμου και κακών. Δεδομένου δε ότι εις πλήρη σήμερον εικοστόν αιώνα μερικές τέτοιες ιδεολογίες δεν δικαιολογούνται δια το πνεύμα της εποχής, μια ταύτη μειονότης δικαίως θεωρείται παλιμβουλία και αναδρομή προς τα οπίσω. Διότι σήμερον ο κόσμος με προσοχήν γεμάτη αγωνίαν στρέφεται προς το αβέβαιον της στυγνής πραγματικότητας. Αι κοινωνικαί τάσεις, η πείνα και η απόγνωση εγκατέλειψαν τον άνθρωπο πάσης εμμόνου και ασθενούς ιδέας βασιζομένης επάνω εις την κατάκτησιν του ενός ανθρώπου από τον άλλον. Εμεσολάβησαν μεταπολεμικώς ήδη συνθήκαι ώστε άρδην να πιστεύεται ότι μετεβλήθει η Εθνική συνείδησις δια την σύγχρονον εξέλιξην του ανθρωπίνου πνεύματος όπερ σήμερον εξαντλημένον ύστερα από τόσας ταλαιπωρίας ζητεί μίαν οποιανδήποτε ειρήνευσιν.

Και εάν ευρίσκωνται μερικοί γείτονες Βαλκάνιοι να είναι προσκεκολλημμένοι εις την Εθνικήν παράδοσιν και να απαιτούν τόσον επιμόνως την προστασίαν των μειονοτήτων των, είναι διότι ορισμένοι άνθρωποι που δυστυχώς ανέλαβον ν' αντιπροσωπεύσωσιν το κράτος των εις τα διάφορα Βαλκανικά Συνέδρια προέρχονται από μίαν τάξιν ανθρώπων εχόντων όλως αντίθετα συμφέροντα με την έννοιαν της ειρήνης. Και πιστεύομεν απολύτως εις τας δοξασίας μας ταύτας εφ' όσον αφ' ενός βλέπομεν εις τα κράτη ταύτα κινήσεις κατ' εξοχήν αριστεράς και ροπήν προς κοινωνικάς ανατροπάς όπως αι τελευταίαι στάσεις της Βουλγαρίας, καθ' ην η τάσις αύτη εξεδηλώθει τελευταίως και δια αιματωχυσιών, αφ' ετέρου δε ευρισκόμεθα προ του οικτρού θεάματος δέκα ανθρώπων να κόπτωνται και φωνασκούν δια τας μειονότητας που ... δυστυχούν.

Έχομεν την γνώμην ότι πολύ σύντομα η αγνή αυτή ιδεολογία της συνεννοήσεως της Βαλκανικής, την οποία διέπει μια ιερότης βγαλμένη ακριβώς από το αίμα που έχυσαν τόσο άδικα αυτοί ακριβώς οι αγώνες δια την επικράτησιν των μεν ή των δε εδώ εις την Μακεδονίαν, θα εξασθενήσει. Και εις την πρώτην μεταβολήν των καθεστώτων τόσον εις την Βουλγαρίαν, όσον και εις την Γιογκοσλαβίαν θα επιτευχθεί η συνεννόησης αυτή αφού και όπως είναι βέβαιον επικρατήσουν τ' αριστερότερα στοιχεία.

Ως τόσο θα ήθελα κατά το δυνατόν και εν τω μέτρω των δυνατοτήτων να δώσω μια εικόνα του πως και διατί πρέπει επιτέλους να λυθεί αυτό το περίφημο ζήτημα των μειονοτήτων των σλαυοφώνων της Μακεδονίας, βλέποντες κατά πρώτον λόγον εάν δικαιολογείται ιστορικώς και επάνω εις τους κανόνες του Διεθνούς Δικαίου μια τοιαύτη προστασία, αλλά και εάν παρά πάντα τύπον και διεθνές δίκαιον θελήσει μια μικρή μειονότης να προστατευθεί και επομένως ποίον ακόμη θα ήτο το αποτέλεσμα.

Είναι αληθές ότι εδώ εις την Μακεδονίαν υπάρχουν μερικαί κοινότητες αίτινες μας ενθυμίζουν την σλαυικήν μορφήν των, πλην όμως οι ελάχιστοι αίτινες παρέμειναν ήδη αφομοιώθησαν μετά του ελληνικού στοιχείου. Η σλαυική δε μορφή μερικών κατοίκων της Μακεδονίας έχει την καταπληκτικήν ομοιομορφίαν με τον Έλληνα της Μακεδονίας. Καθότι ο Ελληνικός πολιτισμός επιβληθείς εν τέλει κατά τους τελευταίους Βυζαντινούς χρόνους εσυνεχίζετο και αργότερον μετά μεγίστου φανατισμού κατά τους μετέπειτα της τουρκοκρατίας χρόνους, καθ' ους η Ελληνική εκκλησία ήτο η μοναδική προστάτρια και εμπνεύστρια του Ελληνικού Εθνικού φρονήματος.

Επιρρεασμένοι λοιπόν όλοι οι Βαλκάνιοι λαοί από το Βυζάντιον και τον Ελληνικόν πολιτισμόν, κατώρθωσαν να διατηρήσουν το φρόνημά των, περισσότερον δε οι Μακεδόνες των οποίων αμεσωτάτη υπήρξε η προστασία της Ελληνικής εκκλησίας, λαμβάνοντες κατ' εξοχήν Ελληνοπρεπή μόρφωσιν. Διότι η εκκλησία κατά του μετέπειτα χρόνους υπήρξε διάδοχος μοναδικός της Βυζαντινής αυτοκρατορίας εξακολουθήσα τα έργο της Εθνικής δράσεως όπερ κατά τους χρόνους της δουλείας ελάμβανε μίαν εξαιρετικήν μορφήν εις τον καθ' όλου αγώνα της, όστις πλέον κατέστει όχι μόνον εκκλησιαστικός, αλλά και κατ' εξοχήν Εθνικός.

Και εάν ο κομιτατζής ή ο προπαγανδιστής έκαμε το έργον του κατορθώσας να εκβουλγαρίσει σεβαστόν αριθμόν τα τελευταία χρόνια εις την Μακεδονίαν δεν πρέπει να μας τρομάζει ο αριθμός ούτος, όστις καθώς κατωτέρω θέλω περιγράψει θα ίδωμεν ότι εγκατέλειψε κατά καιρούς το Ελληνικόν έδαφος. Ο κατωτέρω πίναξ του Υπουργείου των Εξωτερικών της Ελλάδος, αλλά και ο αριθμός αυτών τούτων των Βουλγαρικών εφημερίδων των αναχωρισάντων ανά καιρούς εις Βουλγαρίαν μας δηλοί με μεγάλην ευγλωτίαν δια τον αριθμόν των Βουλγάρων της Μακεδονίας οίτινες πλέον δεν υπάρχουν εν αυτή.

Κατόπιν της συμβάσεως μεταξύ Ελλάδος και Βουλγαρίας περί αμοιβαίας και εθελουσίας μεταναστεύσεως των φυλετικών μειονοτήτων υπογραφήσης εν Νεϊγύ της Γαλλίας στις 27 Νοεμβρίου 1919 αι δηλώσεις προς εκουσίαν μετανάστευσιν εκ της Ελληνικής Μακεδονίας δια την Βουλγαρίαν μέχρι του Σεπτεμβρίου 1926 ανήλθον εις 28.547 οικογενείας αφωρώσας 77.248 άτομα. Εκ τούτων 52.549 μετανάστευσαν από 18-12-1920 και 24.699 μεταξύ 18-12-1900 και 18-12-1920. Δια δε της τριμήνου παρατάσεως δηλώσεων μέχρι της 30-11-26 άλλαι 2.799 δηλώσεις ήτοι άτομα 8.000. Και εν όλω 85.000 άτομα.

Τώρα ας λάβομεν υπ' όψει και αυτούς τους αριθμούς των Βουλγαρικών εφημερίδων της Σόφιας της Νόβοε-Κέλιαρ 21-1-22 ήτις ανεβάζει τους πρόσφυγας βουλγάρους 152.144 και της Ζορά της 15-5-23 ήτις ανεβάζει εις 705.400. Και δια να προσθέσωμεν τας στατιστικάς μελέτας ενός σοβαρού γραφείου Διεθνούς Εργασίας προκειμένου περί εκδόσεως Βουλγαρικού Δανείου αναγνωρίζει Βουλγάρους 120.000 άτομα ήτοι 33.000 οικογενείας προσφυγικάς εν Βουλγαρία εκ Μακεδονίας.

Και τώρα εάν πιστεύσωμεν εις αυτάς ταύτας τας πληροφορίας των Βουλγαρικών εφημερίδων παρατηρούμεν ότι ο τεράστιος αυτός αριθμός έφυγεν εκ Μακεδονίας από πολλού χρόνου, από του χρόνου ακριβώς καθ' ον εφανατίζοντο οι Βουλγαρίζοντες της Μακεδονίας γενικώς εις την βουλγαρικήν ιδέαν και εγκατεστάθησαν εν Βουλγαρία ώστε να πεισθεί πας τις ότι οι πέντε ή οι δέκα κάτοικοι, οίτινες τυχόν παρέμεινον κατόπιν των τόσων μεταναστεύσεων εις εκάστην πόλιν ή χωρίον επιμένοντες εις τον όψιμον Βουλγαρισμόν των δεν είναι δυνατόν να τύχωσιν προστασίας προβλεπομένης υπό των μειονοτήτων.

Διότι εάν υπήρξε ή θελήσουν να υπάρξει μειονότης ετσιθελισμού δέον να γνωρίζωσιν εκείνοι ότι δεν ομιλούν περί έθνους αυτών εν τη Ελληνική Μακεδονία, όπερ έχει κοινά ιδανικά και κοινούς πόθους τάφους και ιστορίαν από παλαιών χρόνων όπως δέον να θεωρείται μια υπό των συνθηκών προβλεπομένη μειονότης Γερμανική του Τυρόλου της Ιταλίας ή αι Ουγρικαί, Τουρκικαί και Ρουμανικαί μειονότητες της Γιουγκοσλαυίας.

Αλλά πως είναι δυνατόν να ομιλούν ακόμη περί τοιούτων μειονοτήτων όταν αι τυχόν τοιαύται υπάρχουσαι εν Ελλάδι δεν ετόλμησαν ούτε μίαν φοράν να διαμαρτυρηθώσιν δια την μη καλήν συμβίωσίν των; Και εάν τις ήθελε ισχυρισθεί ότι φοβούνται και δεν διαμαρτύρονται διατί να συμβαίνει τούτο εφ' όσον γνωρίζουν και περί τούτου μπορούσαν να είναι καλώς πληροφορημένοι ότι υπάρχει η προστασία της Κ.Τ.Ε. Διότι λαός όστις έχει ζωτικότητα και κοινούς πόθους, λαός όστις έχει το συναίσθημα της θέσεώς του όπως θέλουν να τον παρουσιάζουν οι Βούλγαροι της Σόφιας δεν έπρεπε να δειλιάσει προ τόσων σοβαρών εγγυήσεων ίνα ζητήσει τα στραγγαλιζόμενα δίκαιά του!

Μέχρι της σήμερον ουδεμίαν επίσημον διαμαρτυρίαν είδομεν. Και βεβαίως ορθώς πράττουσι να μη ασχολούνται οι εντόπιοι με τοιαύτου είδους προστασίας. Διότι θα τους ερωτούσαμε αμέσως να μας δείξουν ποίαν κοινήν κατεύθυνσιν έσχον μέχρι σήμερον; Ή ποίαν πραγματικήν και οριστικήν εκπολιτιστικήν εργασίαν και ικανότητα ηθικήν ή εθνικήν απεκρυστάλλωσαν οι άνθρωποι αυτοί μέχρι της σήμερον;

Αφ' ης ο χωρικός της Μακεδονίας είδε το φώς της ημέρας παραπλεύρως του λίκνου του αντίκρυσε το γιαταγάνι του πατρός του παρακολουθών αργότερον όλο το όραμα του Μακεδονικού Αγώνος αγωνιζόμενος εις την τρικυμίαν της επικρατήσεως φονεύων και φονευόμενος.

Δεδομένου δε τώρα ότι, οι τρομεροί της εποχής εκείνης εκτελεσταί οι αγωνισθέντες στα ανοιχτά έφυγον εις την χώρα από την οποίαν ελάμβανον την έμπνευσιν ή εγκατέλειφαν τα εγκόσμια αγαθά, πιστεύω ότι ο Μακεδών χωρικός όστις από καιρού τώρα ασχολείται περισσότερον με τα χωράφια του επιζητεί μια ήρεμη ζωή την οποίαν δε υπό την Ελληνικήν επικράτειαν ήδη διάγει. Ο Μακεδών χωρικός περισσότερον πλέον ενδιαφέρεται δια τα χωράφια του, από τας διαφόρους εγγυήσεις και προστασίας ων ουδεμίαν ανάγκην έχει. Διότι στο κάτω κάλλιστα γνωρίζει ότι τα πέντε-δέκα γράμματα που μαθαίνει είτε Ελληνικά είναι, είτε Βουλγαρικά δε τω χρησιμεύουν και πολύ εις την ζωήν του. Εφ' όσον δε ζει εις κράτος Ελληνικόν δεν καταλαβαίνει διατί, και που θα τα χρησιμεύσει τα βουλγαρικά τα οποία αν μίαν ημέραν θα εμάνθανε το έκμανε διότι του τα επέβαλε η βία και εις μερικάς περιπτώσεις το χρυσίον. Γενικά από τους ανθρώπους αυτούς λείπει η πνοή, η ζωή. Άλλως τε μετά την απομάκρυνσιν των όντως φοβερών και φανατισμένων Βουλγάρων οίτινες ή δια της πειθούς ή δια της εμπνεύσεως του φόβου επέσειον επί παντός τον τρόμον, εάν ήθελεν απομακρυνθεί της βουλγαρικής ιδεολογίας δεν υπάρχει λόγος να δικαιολογείται τοιούτος φόβος.

Μη υπαρχούσης δε εθνικής καθαράς βουλγαρικής συνειδήσεως, εις τους απομείναντας δεν δύναται να γίνεται λόγος δια προστασίαν μειονοτήτων. Ίσως αυτοί οι άνθρωποι να έχουν ανάγκη κατόπιν των τόσων ταλαιπωρειών και θυσιών μεγαλυτέρας πατρικής και στοργικής διοικήσεως, ουδέποτε όμως θα ενδειαφερθούν δια πράγματα πλέον των οποίων δεν αισθάνονται την ανάγκην και ωφελιμότητα. Πολύ δε ορθώς παρετήρει κάποτε κατόπιν μιας περιοδείας του ανά την Μακεδονίαν ο διαπρεπής Γάλλος δημοσιολόγος Palliares διεπιστόνων ότι άμα εκλείψει η τρομοκρατία των κομιτατζήδων οι εντόπιοι μετά νοσταλγίας θα επέστρεφον εις τας παλαιάς των ελληνικάς παραδόσεις.

Άλλως τε μέχρι της σήμερον ο χωρικός της Μακεδονίας που μερικοί τον θέλουν ξένον προς την Ελλάδα έδειξε θαυμασίαν σύνεσιν και καρτερικότητα καθ' όλον το χρονικόν διάστημα από της απελευθερώσεως και εντεύθεν. Εις τον στρατόν πρώτοι αγογγύστως έστελλον τα παιδιά των, αίτινα λόγω της σιδηράς πειθαρχίας ήτις διακρίνει τους Μακεδόνες χωρικούς απέδειξαν ότι είναι αληθινοί απόγονοι του Μ. Αλεξάνδρου ακλόνητοι εις το καθήκον των. Από μίαν δε μελέτην ευρίσκομεν ότι η Μακεδονία είχε τους λιγότερους λιποτάκτας από όλας τας λοιπάς επαρχίας του κράτους. Πρώτοι επίσης και προθυμώτατοι καταβάλουν τους βαρείς φόρους άνευ της παραμικροτέρας διαμαρτυρίας.

Κατόπιν τούτων δεν δυνάμεθα να πιστεύσωμεν ότι οι επιδρομαί των σλαύων οίτινες ανεφάνησαν εις τον Μακεδονικόν ορίζοντα περί τα τέλη του εβδόμου αιώνος υπό την τραγικοτέραν μορφήν, να εδρέωσαν Βουλγαρικήν συνείδησιν, ώστε να ομιλούμε περί μειονοτήτων ιστορικώς επιβληθέντων ημίν. Διότι εάν υπήρξαν επιδρομικαί ορδαί άντικρυς τούτων υπήρξε και μία λαμπρά χιλιετηρίς Βυζαντινής Αυτοκρατορίας ήτις και αυτή είχε την επίδρασιν του Ελληνικού πολιτισμού και ήτις ηργάσθη με κάθε τρόπον δια τον κόσμον τούτον των Βαλκανίων και συγκεκριμένως της Μακεδονίας, δια δε της κατόπιν θαυμαστής δράσεως της Ελληνικής εκκλησίας και αργότερον της εποποιίας εκείνης του

Μακ. Αγώνος έχομεν όλο το δικαίωμα ν' αντιπαρατάξωμεν τους λόγους και τα επιχειρήμτά μας. Διότι έτσι, ό,τι έθιμα πόθοι και ιστορίες διετηρήθησαν ήσαν αποκλειστικά έργον των ανθρώπων αυτών που εργάζονται με Ελληνικήν νοοτροπίαν επιρρεασμένοι όπως είπον με τον αθάνατον Ελληνικό πολιτισμόν.

Ούτε αι τοπονυμίαι, ούτε η σλαυική αύτη διάλεκτος των σλαυοφώνων πληθυσμών της Μακεδονίας δύνανται να στηρίξουν τον ισχυρισμόν ότι υπάρχουν πλέον εν Μακεδονία Βουλγαρικαί μειονότητες. Διότι δεν είναι δυνατόν να λαμβάνωνται σοβαρώς υπ' όψει εφ' όσον υπάρχουσαι εις χωρία κατ' αυτούς θεωρούμενα Βουλγαρικά επονυμίαι κατ' εξοχήν Ελληνικαί. Διαβατό χωρίων του Μοναστηρίου. Μέτρινο επίσης. Κόκκινο και Μοναστήρι του Περλεπέ. Παπαδιά και Αετός της Φλωρίνης. Απόσκεπος Καστοριάς. Μεσημέρι και Νησί της Εδέσσης, και άλλα. Επομένως πρόχειρος η απάντησις εις την κλασσικήν αυτήν μορφήν της Ελληνικότητος της Μακεδονίας. Διότι έχομε όλα τα πειστήρια να πιστεύωμεν ότι αν οι κάτοικοι των χωρίων αυτών θεωρούνται από τους βουλγάρους ως ιδικοί των από ημάς πρέπει να θεωρούνται τουλάχιστον Έλληνες εκσλαυισθέντες δια των γνωστών μεθόδων.

Αλλά και ανθρωπολογικώς εάν παρατηρήσωμεν τους σλαυοφώνους τούτους της Μακεδονίας χωρικούς θα προσέξωμεν ότι κατέχουν την αρχαϊκήν μορφήν οι πλείστοι, διότι υπάρχει βέβαια και ο τύπος όστις μορφολογικώς εξελήχθη δια των διαφόρων επιμειξιών των επιδρομέων και εκ της καθαρώς γεωγραφικής θέσεως της Μακεδονίας εις ιδιαίτερον κάπως τύπον. Και ακόμη σπουδαιότερον δια τους ιδικούς μας εδώ της Φλωρίνης πληθυσμούς είναι ότι η ιστορική των προέλευσις εκδηλούται και δια των ενδυμασιών αίτινες εις πλείστα χωρία ομοιάζουν καταπληκτικά της φουστανέλλας, πάντοτε με μερικάς απλουστεύσεις. Εάν δε παραδεχθώμεν πολλάς εκδοχάς όπως αι ζωντανότεραι ότι οι περισσότεροι κάτοικοι της περοφερείας Φλωρίνης είναι άποικοι της Ηπείρου θύματα της λύσσης του Τπελενλή θα πεισθώμεν ότι πρόκειται περί ανθρώπων κατ' εξοχήν Ελλήνων, εχόντων καθαρωτάτην την Ελληνικήν των προέλευσιν.

Επομένως ομιλούντςε οι βούλγαροι περί μειονοτήτων εν Μακεδονια δέον να γνωρίζουν ότι δεν ομιλούν περί έθνους το οποίον έχει κοινά ιδανικά, κοινούς πόθους από παλαιών χρόνων όπως οι Έλληνες. Ούτε επιτρέπεται να ομιλούν και να θεωρούν μειονότητα τους ολίγους εναπομείναντας σλαυοφώνους της Μακεδονίας κατόπιν των τόσων μεσολαβησάντων συνθηκών και μεταβολών αίτινες προήλθον εκ του μεγάλου πολέμου.

Ημείς δε σήμερον κατόπιν των ανωτέρω περιγραφέντων ερχόμεθα θέτοντες εν τέρμα εις το πλέον ή ακανθώδες τούτο ζήτημα των μειονοτήτων να δακηρύξωμεν ότι, έστω παρά παν δίκαιον αν επιτρέψωμεν σχολεία και εκκλησίας βουλγαρικάς δεν έχομεν να χάσωμεν τι το σοβαρό, ενώ αντιθέτως λύομεν τελειωτικά το περίφημο τούτο ζήτημα που κάθε τόσον επισίεται εις τον διεθνή ορίζοντα εις βάρος της μικρής Ελλάδος. Διότι και θα παύσουν του λοιπού να διεκδικούν οι βούλγαροι σοβαρώς τους πληθυσμούς μας οίτινες ασφαλώς μετά μεγίστης δυσφορίας θα απέβλεπον προς μίαν τοιαύτην κίνησιν, αλλά και διότι η διασκέδασις των διεκδικήσεων τούτων θα μας επέτρεπε να προχωρήσωμεν προς μίαν γενικοτέραν συνεννόησιν και προ παντός Βαλκανικήν εκ της οποίας η ωφέλεια θα ήτο μεγίστη.

Άλλως τε είμεθα βέβαιοι απολύτως ότι εν Μακεδονία δεν θα παρουσιασθώσιν τοιαύται επιθυμίαι. Και εάν όμως μερικοί θελήσουν να ξεσπαθώσουν θα είναι τόσον ολίγοι, ώστε γρήγορα να περιμένωμεν την αφομοίωσίν των. Διότι ουδείς δεν μπορεί να αρνηθεί ότι οι περισσότεροι ήδη εις τα χωρία δεν έχουν δοσοληψίες με το Ταμείον του Ελληνικού Δημοσίου είτε προσωπικώς είτε συγγενείς αυτών.

Η Ελλάς πρωτοπόρος πάντοτε του πολιτισμού ακόμη από της αρχαιότητος δεν είναι δυνατόν να φοβηθεί από μίαν δράκα ανθρώπων ξένων προς αυτήν.

Γεώργιος Θεοδώρου Μόδης
Δικηγόρος
Εν Φλωρίνη 1927-1928

www.ingramcontent.com/pod-product-compliance
Lightning Source LLC
Chambersburg PA
CBHW032140040426
42449CB00005B/334